『 부의 본질을 묻는 12가지 질문 』

돈 앞에서
흔들리지 않는 힘

『 부의 본질을 묻는 12가지 질문 』

돈 앞에서
흔들리지 않는 힘

주정엽 지음

리프레시

| 목차 |

프롤로그 ---------- 9

【1부】
나는 왜 돈이 불안한가?

1. 돈은 왜 이렇게 중요한가?
돈은 진짜 목적일까, 수단일까? ---------- 15
우리는 왜 돈을 사랑하게 되었는가? ---------- 19
돈을 중심에 두는 삶은 무엇을 잃게 되는가? ---------- 23

2. 돈은 자유를 줄까, 구속할까?
경제적 자유는 진짜 자유인가? ---------- 29
돈이 많아질수록 불안해지는 이유 ---------- 33
돈 없이도 자유로운 삶은 가능한가? ---------- 37

3. 지금 나는 충분한가?
비교는 어떻게 '가난한 감정'을 만드는가? ---------- 42
충분함을 느끼는 능력은 어디에서 오는가? ---------- 46
에피쿠로스의 조언: 적게 가져도 행복할 수 있다 ---------- 49

【2부】
우리는 돈을 어떻게 오해하는가?

4. 우리는 어떤 사람을 '성공했다'고 부르는가?

'부=성공'이라는 등식은 어디서 시작됐는가? ------------------- 59

돈을 가진 자는 정말 더 나은 사람인가? ------------------- 63

사회가 만든 부의 이미지들 ------------------- 66

5. 부는 정당할 수 있는가?

'노력한 만큼 번다'는 말의 이면 ------------------- 72

공정한 부란 존재하는가? ------------------- 76

부의 세습과 자산 불평등의 윤리 ------------------- 80

6. 우리는 가난을 얼마나 왜곡하는가?

가난은 개인의 실패인가, 사회의 구조인가? ------------------- 87

가난에 대한 낙인은 어떻게 작동하는가? ------------------- 90

루소의 통찰: 불평등은 언제 시작되었는가? ------------------- 93

【3부】
철학은 돈에 대해 어떻게 말해왔는가?

7. 행복은 돈으로 살 수 있을까?

소득과 행복은 비례하는가? ------------------- 101

아리스토텔레스의 행복관: 좋은 삶이란 무엇인가 -------------------- 104

쇼펜하우어의 경고: 욕망의 끝은 존재하지 않는다 -------------------- 107

8. 돈을 쫓은 삶은 무엇을 잃는가?

관계는 자산인가, 소비되는 대상인가? -------------------- 112

시간과 여유는 왜 돈보다 귀한가? -------------------- 115

장자의 '무위'와 현대적 미니멀리즘 -------------------- 118

9. 돈은 인간의 가치를 드러내는가?

우리는 왜 직업과 연봉으로 사람을 판단하는가? -------------------- 123

칸트의 인간 존엄: 돈은 목적이 될 수 없다 -------------------- 127

철학적 인간관: '소유'보다 '존재'가 중요한 이유 -------------------- 131

【4부】 우리는 어떤 부를 선택할 것인가?

10. 무엇이 진짜 부자인가?

프롬의 질문: 소유냐 존재냐 -------------------- 139

마음의 풍요는 어떻게 가능한가? -------------------- 143

돈 없이 풍요롭게 산 사람들 -------------------- 147

11. 우리는 무엇을 남기고 싶은가?

돈이 아닌 유산이란 무엇인가? -------------------- 152

관계와 기억은 자산이 될 수 있는가?	--------------------	155
죽음을 앞둔 이들이 말하는 부의 진실	--------------------	158

12. 철학은 우리에게 어떤 부를 권하는가?

윤리적인 부자란 무엇인가?	--------------------	163
부를 나눈다는 것의 의미	--------------------	166
'어떤 부자가 될 것인가'라는 마지막 질문	--------------------	169

에필로그 - 삶으로 완성하는 부	--------------------	175
부록 - P. T. 바넘 『돈을 버는 기술』	--------------------	179

| 프롤로그 |

돈이 전부는 아니지만, 그렇다고 무의미한 것도 아닙니다.

우리는 하루의 대부분을 돈을 위해 보냅니다. 출근길에 교통카드를 찍는 순간부터 장을 볼 때, 커피 한 잔을 주문할 때까지 돈은 늘 우리 곁을 맴돕니다. 조금 더 벌어야 하지 않을까, 지금 가진 돈이 부족하지는 않을까, 은퇴 후에도 괜찮을까 하는 불안은 우리를 끊임없이 흔듭니다. 그러나 정작 우리가 원하는 것은 돈 그 자체가 아니라 그것이 가져다줄 안정감과 자유, 혹은 인정일지도 모릅니다.

이 책은 돈을 불리는 기술을 알려주는 책이 아닙니다. 대신 묻습니다. 나는 왜 돈을 벌고 싶은가? 돈이 많아지면 진짜 자유로워질까? 충분함을 느끼는 힘은 어디에서 오는가? 철학자들은 오래전부터 이런 질문을 던져왔습니다. 플라톤은 부의 한계를 말했고, 아리스토텔레스는 좋은 삶의 조건을 고민했으며, 루소는 불평등의 기원을, 에피쿠로스는 불필요한 욕망을 줄이는 길을 제시했습니다. 오늘날에도 이 질문은 여전히 유효합니다.

하지만 철학적 성찰만으로는 부족합니다. 생각을 비추어 주는 빛과 함께, 현실에서 돈을 다루는 구체적인 지혜 또한 필요하기 때문입니다. 그래서 이 책의 부록에는 '쇼 비즈니스의 아버지'라 불린 P.T. 바넘의 글을 실었습니다. 그는 오마하의 현인이라 불리는 워런 버핏보다 100년도 훨씬 이전에, 이미 대중을 꿰뚫어보고 돈을 다루는 태도를 설파한 인물이었습니다. 단순히 재산을 쌓는 기술이 아니라, 정직과 성실, 절제와 신뢰 같은 기본 원칙부터 빚을 피하고 본업에 충실하라는 현실적 조언까지, 그의 메시지는 오늘날에도 여전히 울림을 줍니다.

이 책이 던지는 철학적 질문과 바넘이 남긴 현실적 지혜가 나란히 놓일 때, 우리는 돈과 삶의 균형을 조금 더 선명하게 볼 수 있을 것입니다. 결국 중요한 것은 돈이 전부냐 아니냐가 아니라, 그 사이에서 내가 어떤 태도와 선택으로 살아가느냐입니다.

【1부】

나는 왜 돈이 불안한가?

여는문

우리는 매일 돈을 벌고, 쓰고, 계산하며 살아간다. 하지만 이상하게도 돈이 늘어날수록 안심하기보다 불안이 커지는 순간이 있다. 통장 잔고가 일정 수준에 도달하면 안도할 줄 알았는데, 막상 그 순간이 오니 마음은 바로 새로운 목표를 설정하고 그것을 향해 달려간다. 마치 충분함이라는 종착지는 존재하지 않는 듯하다. 그렇다면 우리는 왜 이렇게 돈에 마음을 빼앗기고, 때로는 돈이 인생의 무게를 좌우하게 두는 걸까?

돈은 본래 삶을 유지하고 풍요롭게 하기 위한 수단이었다. 그러나 어느 순간 우리는 돈을 삶의 목적처럼 대하기 시작했다. 좋은 직장, 안정적인 수입, 넓은 집, 더 좋은 물건을 소유하는 것이 곧 '성공'이라 여겨지는 사회 속에서, 돈은 단순한 교환의 도구를 넘어 인간의 가치를 평가하는 잣대가 되었다. 욕망의 철학자들은 이렇게 말한다. 욕망은 본래 충족을 통해 사라지지 않고, 오히려 더 커지는 성질을 갖는다고. 우리는 '더 많이'라는 끝없는 경주에 스스로를 몰아넣고, 그 과정에서 소중한 것들을 잃기도 한다. 시간, 관계, 자기 자신과의 연결 같은 것들 말이다.

돈은 우리에게 자유를 줄 것처럼 보이지만 때로는 강력한 구속이 되기도 한다. 경제적 자유라는 말은 꽤 매력적이지만 그 이면에는 부를 유지하거나 늘려야 한다는 압박이 있다. 돈을 지키기 위해 불안을 감수하고, 더 벌기 위해 자신이 원치 않는 일을 하기도 한다. 역설적으로 돈이 많아질수록 잃을 수 있다는 두려움이 커지고, 삶은 점점 돈 중심으로 재편된다. 반면, 어떤 사람들은 적은 돈으로도 자유를 누린다. 그들에게 자유란 소유의 크기에서 오는 것이 아니라 스스로 선택할 수 있는 시간과 삶의 방식에서 비롯된다.

우리는 지금 '충분함'을 어떻게 느낄 것인가라는 질문 앞에 서게 된다. 비교는 마음속의 빈자리를 확대시킨다. 나보다 잘 사는 사람을 볼 때, 나의 현재는 순식간에 초라해진다. 충분함을 느끼는 능력은 외부의 기준이 아니라 내면의 관점에서 나온다. 고대 철학자 에피쿠로스는 이렇게 조언했다. *"적게 가져도 행복할 수 있다."* 그는 필요 이상의 것을 쫓는 순간 행복은 멀어진다고 보았다. 만족은 외부가 아니라 지금 가진 것에서 가치를 발견하는 데서 온다는 것이다.

【1부】는 바로 이 질문에서 출발한다. 돈은 왜 이렇게 중요한가? 그것이 진짜 목적일까, 아니면 수단일까? 돈이 우리에게 자유를 줄 수 있는가, 아니면 새로운 속박이 되는가? 그리고 어떻게 하면 '지금 충분하다'는 감각을 되찾을 수 있는가? 여기에서는 돈과 개인의 욕망, 감정의 관계를 깊이 들여다본다. 그 과정에서 우리는 돈이 만들어내는 불안을 해체하고, 돈과의 관계를 새롭게 정의하는 길을 모색하게 될 것이다.

| 1 |
돈은 왜 이렇게 중요한가?

돈은 진짜 목적일까, 수단일까?

우리는 돈이 필요하다는 사실을 의심하지 않는다. 하지만 **"왜 필요한가?"** 라는 질문 앞에서는 답이 쉽게 나오지 않는다. 대부분은 **"더 잘 살기 위해서"** 라고 말한다. 그러나 '더 잘 산다'는 말의 내용은 사람마다 다르다. 어떤 이는 안정된 집과 노후를, 또 다른 이는 해외여행과 명품, 사회적 지위를 떠올린다. 이렇게 구체적인 그림이 제각각임에도 불구하고, 돈은 모든 사람의 목표 목록 맨 위에 놓인다. 그렇다면 돈은 그 자체가 최종 목적일까, 아니면 그 너머를 위한 도구일까?

아리스토텔레스는 『니코마코스 윤리학』에서 부를 '본래적으로 좋은 것'이 아니라 '다른 좋은 것을 가능하게 하는 수단'으로 보았다. 돈은 행복의 한 조건일 수 있지만 행복 자체는 아니다. 그에게 있어 궁극적 목표는 '에우다이모니아(eudaimonia)', 즉 잘 사는 삶이었다. 밥을 먹는 이유가 단순히 허기를 채우기 위함이 아니듯, 돈도 단지 숫자를 늘리기 위한 것이 아니다.

중세 유럽에서는 토마스 아퀴나스가 **"재물은 인간의 궁극적 행복을 줄 수 없다."**라고 했다. 그는 물질적 부가 영혼의 만족을 대신할 수 없음을 경고하며, 돈이 선을 이루는 도구로 쓰일 때만 가치가 있다고 강조했다.

동양에서도 경고는 이어졌다. 공자는 **"군자는 의를 생각하고, 소인은 이익을 생각한다."**라고 했다. 여기서 '이익'은 나쁜 것이 아니라, 그것이 '의(義)'를 밀어낼 때 문제다. 목적이 이익으로 변질되면 다른 모든 가치 판단은 '돈이 되는가'에 종속된다.

칸트는 **"인간은 목적 그 자체다."**라고 주장했다. 하지만 자본주의 사회에서 돈이 중심이 되면, 사람과 관계마저 수단으로 전락한다. 심지어 나 자신조차도 돈을 벌기 위한 '자원'으로 취급하게 된다.

산업혁명 이후 부는 단순한 생계 수단을 넘어 '사회적 서열표'로 기능하기 시작했다. 19세기 말 미국의 '도금시대(Gilded Age)'[1] 를 보면, 거대 재벌들은 부를 과시하기 위해 호화로운 저택과 파티를 연출했다. 부의 크기만이 성공을 증명하는 시대로 접어든 것이다. 이 시기

---

1. Gilded Age : 겉으로는 미국 역사상 가장 번영한 듯 보였지만, 실제로는 부패·빈부격차·착취가 심했던 19세기 후반의 시대

에 이미 경제학자 소스타인 베블런은 『유한계급론』에서 '과시적 소비'를 비판하며, 돈이 목표로 변하면 사회 전체가 비효율적 경쟁에 빠진다고 경고했다.

오늘날에도 돈이 수단인지 목적인지 구분하기는 점점 어려워지고 있다. 직장에서의 승진, 창업가의 투자 유치, 프리랜서의 프로젝트 수주처럼 겉으로는 다양한 목표처럼 보이지만, 종착지는 대부분 '더 많은 돈'이다. 그 과정에서 다른 가치들은 흐려지고 결과만이 절대 기준이 된다. '조금 부정한 방법이라도 결과만 좋으면 된다'는 식의 합리화가 퍼지는 것도 이 때문이다.

행복 연구 결과도 흥미롭다. 심리학자 대니얼 카너먼과 앵거스 디턴은 연 소득이 약 7만~8만 달러(한화 약 1억 원) 수준에서 삶의 만족도가 일정한 한계점에 도달한다고 밝혔다. 이 지점을 넘어서면 소득 증가는 더 이상 행복감을 크게 높이지 못한다. 돈이 목적이라면 이 '충분함의 지점'을 지나도 계속 달려야 하고, 수단이라면 멈추고 삶의 다른 영역으로 에너지를 옮길 수 있다.

역사는 두 유형의 사례를 모두 기록해왔다.

• **수단으로 삼은 사람**: 20세기 초 일본의 기업가 시부사와 에이이치는 기업 경영을 통해 번 돈을 교육·사회사업에 투자했다. 그는 **"이익은 사회를 위해 쓰일 때만 의미가 있다"**고 믿었고, 목표를 이루자 경영 일선에서 물러나 사회 활동에 전념했다.

- **목적으로 삼은 사람** : 반대로, 일부 거대 재벌가에서는 이미 충분한 부를 갖고도 끝없이 사업 확장을 추진하다가 무리한 인수와 채무로 몰락한 사례가 많다. 이들에게 돈은 멈출 수 없는 '자체 목적'이었고, 결과적으로 그 목적이 다른 모든 것을 삼켰다.

돈이 수단이면, 내가 원하는 삶의 가치가 무엇인지 먼저 묻는다. 그리고 그 가치를 이루면 속도를 늦추거나 방향을 바꿀 수 있다. 반면, 돈이 목적이면 목표는 항상 다음 단계로 밀려나고, 멈추는 순간은 없다. 결국 돈이 나를 움직이는지, 내가 돈을 움직이는지가 갈림길이다.

"돈은 훌륭한 하인이기도 하지만, 나쁜 주인이기도 하다."

이 오래된 경구는 단순한 수사 이상의 의미를 갖는다. 돈을 주인으로 세우면 그 명령은 결코 '충분하다'고 말해주지 않는다. 우리가 지금 어디를 향해 달리고 있는지, 그리고 그 끝에 돈이 있는지 아니면 내가 진정 원하는 삶이 있는지를 묻는 것이, 부와 자유를 동시에 지키는 첫 걸음이다.

우리는 왜 돈을 사랑하게 되었는가?

나는 가끔 스스로에게 묻는다. 내가 돈을 좋아하는 이유는 무엇일까? 단순히 생계를 유지하고 미래를 대비하기 위함일까, 아니면 다른 무엇인가를 위해서일까? 생각해보면 내 마음 깊은 곳에서 돈은 단순한 종이와 숫자를 넘어서는 의미를 가지는데 그것은 가능성이다. 하고 싶은 일을 미루지 않고 할 수 있는 자유, 원하는 것을 선택할 수 있는 힘, 그리고 안전한 울타리 속에 있다는 안도감. 이 모든 감정이 '돈'이라는 하나의 단어 안에 뒤섞여 있다.

어릴 적 나는 아버지가 들려준 옛날 이야기를 좋아했다. 가난하지만 매일 아침 바닷가에서 해를 맞으며 노래를 부르는 어부의 이야기였다.

그는 부자가 아니었지만 자기 하루에 만족했다. 그런데 이상하게도, 그 이야기를 들을 때마다 나는 **"그래도 조금 더 벌면 더 행복하지 않을까?"** 라는 생각이 스쳤다. 만족과 욕망이 내 마음속에서 서로 자리를 다투기 시작한 것은 아마도 그때부터였을 것이다.

돈을 향한 애착에는 두 가지 측면이 있는 듯하다. 하나는 분명하고 합리적인 욕구다. 식탁 위의 따뜻한 식사, 비 오는 날 새지 않는 지붕, 아픈 가족을 치료할 수 있는 병원비 같은 것들이다. 다른 측면에서는 훨씬 더 미묘하다. 나보다 더 좋은 차를 타는 친구, 더 넓은 집에 사는 동창, SNS에 올라온 남의 화려한 여행 사진 앞에서 느끼는 묘한 감정. 이때 돈은 단순한 도구가 아니라 비교의 무대 위에서 나를 빛나게 해 줄 조명이 된다.

문제는 이 무대의 조명이 한 번 켜지면 점점 더 강한 빛을 원하게 된다는 점이다. 처음에는 주말마다 가는 근교 여행이 좋았지만 이내 곧 시들해지고, 해외로 나가야만 만족스러워진다. 결국에는 '남들이 안 가본 곳'이어야만 특별하게 느껴진다. 이것은 단순한 소비 습관이 아니라 심리적 기준점이 끊임없이 높아지는 현상이다. 오늘의 만족이 내일은 평범해지고, 평범해진 순간 다시 자극을 찾게 된다.

이 심리는 시대와 문화에 따라 다른 옷을 입는다. 19세기 말 파리의 예술가들은 자신이 가진 재능과 작품보다, 살롱에서의 명성과 사교 모임의 평판을 더 중시했다. 그림을 팔아 번 돈은 화려한 파티와 값비싼 의상에 쓰였고, 그 모든 것이 '나는 성공했다'는 신호가 되었다. 오늘날의 SNS도 크게 다르지 않다. 다만 무대가 살롱에서 스마트폰 화면으로 옮겨왔을 뿐이다. 무대 위에 오르는 이유도, 조명을 더 밝히고 싶은 마음도 예나 지금이나 똑같다.

나는 이 과정을 돌아보며 내가 사랑하는 것이 정말 돈 자체인지 자주 생각한다. 사실, 돈이 나에게 주는 안정감, 인정, 우월감과 같은 감정이 진짜 대상일 때가 많다. 돈이 사라지면 그 감정들도 함께 사라질까 두려워서 돈을 더 붙잡고 싶은 마음이 커진다. 이렇게 마음이 불안해질수록 내가 정말로 원하는 것이 무엇인지 분간하기 어려워진다. 이 불안은 '없음'에서 오는 것이 아니라 '잃을까 봐' 생기는 감정이다. 돈을 잃는 순간 내 자존감이나 사회적 위치까지 함께 무너질까 걱정하게 되고, 그래서 더욱 집착하게 된다. 결국 돈은 감정을 담는 그릇처럼 작동하며, 그 그릇을 지키려는 마음이 나를 더욱 조급하게 만든다.

이제는 스스로에게 작은 실험을 한다. 무언가 갖고 싶다는 생각이 들면 그것이 진짜 필요에서 나온 것인지, 아니면 누군가의 시선이나 비교에서 비롯된 것인지 구분해본다. 필요라면 기꺼이 투자한다. 하지만 비교와 과시가 만든 욕망이라면 잠시 미뤄둔다. 그렇게 미루고 나면 그 욕망은 종종 금세 사라지곤 한다. 이 과정을 반복하다 보면 나의 욕망이 얼마나 쉽게 변하고 사라지는지 깨닫게 되고, 진짜 필요한 것과 순간적인 충동이 분명히 갈라진다. 욕망을 분별하는 이 연습은 돈을 지키는 방법이기도 하지만, 동시에 나를 지키는 훈련이기도 하다.

우리는 돈을 사랑한다고 말하지만 그 속을 들여다보면 자신이 되고 싶은 모습과 느끼고 싶은 감정을 사랑하는 경우가 많다. 이 사실을 인정하는 순간 돈은 조금 다른 얼굴로 다가온다. 그것은 나를 움직이는 강력한 연료이지만 동시에 나를 소진시킬 수도 있는 불씨다. 내가 주도권을 쥐고 있을 때 그 불씨는 따뜻한 온기를 주고 나를 지켜줄 수 있다. 하지만 돈에 종속되어 주도권을 내어주게 되면 그것은 언제든 나를 집어삼키는 커다란 불길로 변할 수 있다. 그래서 돈을 어떻게 바라보고 다루느냐가 결국 삶의 온도를 결정한다. 불씨를 다스릴 줄 아는 사람은 돈을 삶의 빛으로 만들지만, 그렇지 못한 사람은 돈에 휘둘리며 자신까지 잃어버리게 된다.

돈을 중심에 두는 삶은
무엇을 잃게 되는가?

그는 늘 바빴다. 아침 6시에 일어나 밤 12시가 넘어야 잠자리에 들었다. 일주일 내내 일정표는 빼곡했고 휴일에도 휴대폰은 손에서 떨어지지 않았다. 사람들은 그를 '성공한 사람'이라 불렀다. 사업은 안정됐고 통장에는 여유가 있었다. 그러던 어느 날, 오랜만에 만난 친구가 물었다. **"넌 요즘 뭐가 제일 행복해?"** 잠시 침묵이 흘렀다. 그리고 그는 아무 대답도 하지 못했다.

돈을 중심에 두는 삶은 분명 어떤 것들을 얻게 한다. 안정감, 선택의 폭, 사회적 지위등 그리고 많은 경우 그것은 안전망이 되곤 한다. 하지만 그 중심축이 지나치게 무거워질수록 다른 모든 가치들이 서서히 주변부로 밀려난다. 처음에는 부차적이었던 것들이 사라지고, 나중에는 그것이 없는 삶이 불편하거나 불가능해진다. 결국 남는 건 숫자뿐이고, 숫자가 전부가 된 삶은 다른 감각을 잃게 만든다.

철학자들은 오래전부터 이 위험을 경고해왔다. 아리스토텔레스는 인간의 '좋은 삶'을 이루는 요소를 다양하게 제시했는데, '부'는 그중 하나일 뿐이었다. 그는 부가 인생의 전부가 될 때, 다른 덕목인 용기, 절제, 우정, 정의가 설 자리를 잃는다고 보았다. 공자 역시 **"군자는 의를 생각하고, 소인은 이익을 생각한다."** 라고 했다. 돈을 삶의 목적이자 판단의 기준으로 삼는 순간, 의(義)라는 기준은 무너지고, 계산과 효율만이 남는다.

역사 속에서도 우리는 그 부작용을 목격한다. 로마 제국 말기의 귀족들은 부를 과시하는 데 몰두했다. 그들은 문화와 정치의 품격보다 사치와 향락을 중시했고, 그 결과 국가는 점점 쇠퇴했다. 돈을 중심에 둔 사회는 구성원의 관계마저 '거래'로 바꾼다. 중세 후기 유럽에서 상업이 발달하자, 결혼은 사랑이 아니라 재산을 증식하는 계약이 되었고, 가족 관계조차 경제적 이익을 중심으로 재편됐다.

오늘날도 상황은 크게 다르지 않다. 돈을 삶의 중심에 둔 사람들은 종종 시간을 잃는다. **"시간은 돈이다"** 라는 말은 효율성을 높이는 구호처럼 들리지만, 그 논리에 매몰되면 '돈이 되지 않는 시간'은 무가치하게 여겨진다. 친구와의 산책, 가족과의 식사, 혼자 책을 읽는 저녁같이 이런 소소한 것들은 수익을 창출하지 않는다는 이유로 후순위로 밀린다. 이런 순간들이야말로 삶의 질을 높이는 핵심이라는 사실은, 잃고 난 뒤에야 깨닫게 된다.

돈 중심의 삶은 관계를 변화시킨다. 사람을 '이익을 줄 수 있는지' 여부로 평가하게 되고, 손익 계산이 맞지 않으면 관계를 끊는다. 이렇게 관계가 정리되고 나면, 곁에는 나를 진심으로 아끼는 사람이 아니라 나의 지갑을 보고 모인 사람들만 남는다. 심리학자들은 이를 '관계의 도구화'라고 부른다. 관계가 진정성을 잃으면, 외로움은 더 깊어진다. 외로움을 달래기 위해 더 많은 돈을 벌고, 그 돈으로 외로움을 잠시 잊으려 하지만, 그 효과는 오래가지 않는다.

무엇보다 무서운 것은 자기 자신을 잃는 것이다. 돈을 중심에 두면 스스로를 '경제적 가치'로 평가하게 된다. 내가 하는 일, 나의 시간, 나의 재능을 모두 돈으로 환산하고, 그 숫자가 작으면 나 자신을 하찮게 느낀다. 반대로 숫자가 커지면 스스로를 과대평가한다. 이런 자기 인식은 불안정하고 환경이 변하면 무너진다. 은퇴나 실패, 시장 변화로 수입이 줄어들게 되면, 자신에 대한 평가도 함께 추락한다.

돈을 중심에 두는 삶은 이렇게 눈에 보이지 않는 시간, 관계, 가치관, 그리고 나 자신을 차례차례 앗아간다. 잃는 속도는 느리지만 한 번 잃으면 되돌리기 어렵다. 무엇보다 두려운 건 그 과정이 너무 서서히 진행되기 때문에 내가 무엇을 잃고 있는지도 모른 채 살아간다는 점이다. 때때로 멈춰서 물어야 한다. "**나는 지금 무엇을 중심에 두고 있는가? 내 인생의 저울추가 한쪽으로만 쏠려 있지는 않은가?**"

돈은 분명 소중하다. 그러나 그것은 삶의 한 요소이지, 전부가 되어서는 안 된다. 모든 것을 돈을 기준으로 판단하면 결국 돈 이외의 것들이 의미를 잃게되고, 우리의 삶의 색깔도 잃어버리게 된다. 숫자는 선명해도, 풍경은 사라진다.

한눈에 보는
돈의 철학

- ✔ 돈보다 오래 남는 유산은 지혜와 가치관이다.
- ✔ 정직·성실 같은 무형의 유산은 세대를 넘어 전해진다.
- ✔ 간디의 비폭력 사상처럼 사상은 강력한 유산이 된다.
  - ✔ 가족의 기록과 일기는 후대의 나침반이 된다.
  - ✔ 관계와 신뢰는 보이지 않지만 평생 힘이 된다.
  - ✔ 공유된 기억은 삶의 만족도를 높이는 자산이다.
    - ✔ 관계·기억은 위기에서 회복력을 키운다.
- ✔ 죽음을 앞둔 이들은 돈이 아닌 사랑과 시간을 아쉬워한다.
  - ✔ 마지막 순간에 남는 부는 관계와 자기다운 삶이다.
  - ✔ 결국 진정한 유산은 마음속에 남는 삶의 방식이다.

| 2 |

돈은 자유를 줄까, 구속할까?

경제적 자유는 진짜 자유인가?

경제적 자유라는 단어는 강한 매력을 가진다. 듣는 순간 머릿속에 특정한 그림이 그려진다. 일을 하지 않아도 생활이 유지되는 자산, 언제든 떠날 수 있는 시간, 원하면 하고 싶은 일을 선택할 수 있는 여유. 사람들은 종종 이것을 '인생이라는 거대한 지도 위에서 원하는 곳을 마음껏 찍을 수 있는 무제한 여행 티켓'에 비유한다. 그러나 이 비유에는 중요한 조건이 빠져 있다. 티켓만 있다고 해서 목적지가 자동으로 정해지는 것은 아니다. 목적지를 정하지 않으면, 그 티켓은 공항 라운지에서 다음 비행편만 기웃거리는 '대기증'에 불과하다.

돈은 자유를 위한 강력한 연료다. 자동차의 연료통이 가득 차 있으면 어디로든 갈 수 있다는 가능성이 열린다. 하지만 연료 자체가 목적이 되는 순간 그 가능성은 정지 상태가 된다. 주유소에서 가장 비싼 연료를 가득 넣었다고 해도 출발하지 않으면 아무 의미가 없다. 경제적 자유도 마찬가지다. 은행 잔고와 투자 수익이 충분해 보여도 그것을 어떻게 쓰고 어떤 삶을 경험할지에 대한 방향이 없다면, 그 자유는 '이동 가능성'일 뿐 '이동'이 아니다.

우리가 경제적 자유를 이야기할 때 흔히 전제하는 것은 '무엇이든 할 수 있는 상태'다. 하지만 진짜 자유는 '무엇을 하지 않을 수 있는 상태'에서 오기도 한다. 원치 않는 일을 거절하고, 의미 없는 인간관계를 끊고, 불필요한 소비 경쟁에서 발을 빼는 능력은 돈이 있어야만 가능해지는 경우가 많다. 이때의 자유는 단순히 선택지를 늘리는 것이 아니라, 불필요한 선택지를 제거하는 데서도 나온다. 이러한 자유는 일정 수준의 자산이 생겼다고 해서 자동으로 보장되지 않는다. 돈이 충분하더라도 명확한 방향과 기준이 없다면 자유는 금세 방황으로 바뀐다.

여행을 예로 들어 보자. 최고급 캠핑카를 소유했다고 해서 모든 여행이 즐거워지는 것은 아니다. 목적지가 불분명하다면 캠핑카는 주차장에 세워진 채 시간만 흘러갈 수 있다. 어떤 사람은 바다를 향하고, 어떤 사람은 산으로 향하지만, 때로는 주변에서 인기 있는 관광지를 무심코 따라가게 된다. 경제적 자유도 이와 같다. 사회가 설정한 '성공'이라는 목적지를 그대로 따라가면, 내 자유는 남이 정한 경로를 밟는 것에 그친다. 스스로는 자유롭게 움직인다고 느끼지만, 사실상 다른 사람의 일정표 안에서 살고 있는 셈이다.

더 큰 함정은 경제적 자유를 확보한 뒤에도 더 많은 돈을 벌어야 한다는 압박감에서 벗어나지 못하는 경우다. 이미 목적지에 도착했는데도 **"혹시 모자라면 어떡하지?"**라는 불안 때문에 계속 달리는 것이다. 이렇게 되면 경제적 자유라는 표지판은 붙어 있어도 실제로는 자유를 누리지 못하고, 잔고가 늘어도 진정한 마음속 자유에는 도착하지 못한다. 자유를 가로막는 것은 자산의 부족이 아니라 부족하다고 느끼게 만드는 불안이다.

진짜 자유는 잔고의 크기보다 '선택의 주도권'에서 나온다. 돈이 많아도 두려움 때문에 하고 싶은 일을 하지 못한다면, 그것은 자유가 아니다. 반대로 돈이 많지 않아도 자신의 시간을 원하는 곳에 쓰고, 필요 없는 경쟁에서 벗어나며, 삶의 방향을 스스로 정할 수 있다면 이미 자유에 더 가까워져 있는 것이다. 소득은 높지 않지만 주 4일만 일하며 나머지 시간을 취미·봉사·여행에 쓰는 사람이 있다면, 그는 경제적으로는 덜 여유로워도 생활 전반에서 더 큰 주도권을 가지고 있을 수 있다.

경제적 자유를 '조건'으로만 바라보는 태도는 위험하다. 그것은 자유를 가능하게 만드는 도구일 뿐, 그 자체로 완성된 상태가 아니다. 목적지를 정하지 않으면 그 도구는 방치되고 때로는 무게만 더해질 뿐이다. 반대로, 명확한 방향이 있다면 적은 자원으로도 충분히 자유를 누릴 수 있다.

중요한 것은 경제적 자유를 어떻게 정의하고, 그것을 어떤 삶의 설계에 사용할지를 스스로 결정하는 일이다. 목적지를 정하고, 이동 속도를 조절하며, 필요할 때 경로를 바꾸는 용기를 가질 때 비로소 경제적 자유는 '진짜 자유'로 변한다. 그렇지 않다면 우리는 고급 교통수단을 타고도 회전교차로를 맴도는 승객이 될 수 있다. 그리고 그 회전교차로는 생각보다 쉽게 빠져나오기 어렵다.

돈이 많아질수록
불안해지는 이유

그는 이제 물건을 살 때 가격표를 거의 보지 않는다. 한때는 사진으로만 보던 여행지를 직접 다니고, 예약이 어려운 레스토랑에서 주말마다 식사를 한다. 통장 잔고는 과거보다 훨씬 두둑하다. 그런데 잠자리에 들 때면 묘한 무게감이 가슴을 누른다. **"이렇게 써도 괜찮을까? 내년에도 지금처럼 벌 수 있을까? 혹시 경기 침체가 오면 어떻게 하지?"** 부가 커졌는데 마음의 안정은 오히려 줄어든다. 가진 것이 늘어난 만큼 잃을 수 있는 것도 많아졌기 때문이다.

심리학 연구에 따르면 사람들은 어떤 물건을 소유하게 된 순간 그것을 잃는 것에 대한 감정적 반응이 급격히 커진다. 주식 계좌의 잔고가 소폭 줄거나, 부동산 시세가 약간 하락한 뉴스만 들어도 불안이 커지는 이유다. 초기에는 **"내 돈이 조금 줄었네"** 정도로 느끼지만, 자산 규모가 커질수록 그 불안은 **"내가 구축한 세계가 위협받는다"**는 생각으로 바뀐다.

미국 시카고대 행동경제학 연구팀은 자산이 클수록 인지 부하(Cognitive Load)가 커진다는 결과를 발표했다. 부를 유지하려면 투자 전략, 세금, 법률, 상속, 보안 등 신경 써야 할 영역이 기하급수적으로 늘어난다. 이 과정에서 의사결정 피로(Decision Fatigue)가 심해지고 작은 변수에도 예민해진다. 부자가 된 후 불안이 커지는 이유는 단순히 '더 원해서'가 아니라, 이미 가진 것을 지키는 데 드는 정신적·시간적 비용 때문이다.

심리학에서는 이를 목표 이동(Goal Shift)이라고 부른다. 자산을 모으는 단계에서는 공격적으로 기회를 찾지만, 일정 수준을 넘어서면 방어적 태도로 전환한다. 이는 뇌의 위협 탐지 시스템과 관련이 있다. 캘리포니아대 신경과학팀은 fMRI 실험에서, 재산 손실 가능성을 인식할 때 편도체(공포·불안과 관련된 영역)가 강하게 활성화된다는 사실을 확인했다. 부가 커질수록 '위험 신호'를 감지하는 빈도와 강도가 높아진다.

1929년 미국 대공황 당시 많은 부유층이 하루아침에 전 재산을 잃었다. 특히 가난을 경험한 적 없는 상류층일수록 상실감과 심리적 충격이 컸다. 이는 경제학적으로만 설명되지 않는다. '잃어본 적 없는 것을 처음 잃는 경험'은 개인의 정체성과 안전감까지 흔들기 때문이다.

오늘날에도 비슷한 양상이 나타난다. IT 창업으로 큰돈을 번 30~40대의 '신흥 부자' 중 상당수가 은퇴 후에도 투자와 사업을 멈추지 않는다. 단순히 더 벌고 싶어서라기보다, '멈추면 잃는다'는 압박감 때문이다. 유지와 방어가 그들의 일상 전략이 된 셈이다.

부가 많을수록 리스크 관리에 필요한 행동이 늘어난다. 전문 자산관리사 고용, 세금 계획 수립, 재산 분쟁 대비, 보안 강화 등 '유지'를 위한 활동이 삶에 깊숙이 들어온다. 하지만 이 과정에서 아이러니가 발생한다. 돈은 자유를 주지만, 그 자유를 지키기 위해 새로운 의무와 제약이 생긴다. 경제적 자유라는 상태가 오히려 '관리해야 할 일'의 목록을 키우는 셈이다.

부와 불안을 분리하려면 정체성 분리(Identity Separation)가 필요하다고 심리학자들은 말한다.

- '내가 가진 돈'이 아니라 '돈이 가진 나'로 생각하게 되는 순간, 돈의 증감이 나의 안정감을 좌우한다.
- 자산을 삶의 일부 요소로만 인식하면, 숫자의 변동이 전체 행복을 크게 흔들지 않는다.

하버드대 긍정심리학 연구에서는 자산 수준과 무관하게 '자신의 가치가 돈 외의 요소에 의해 결정된다고 믿는 사람'이 재무적 스트레스 수준이 낮다고 보고했다.

돈이 많아질수록 불안해지는 이유는 욕망이 커져서라기보다, 유지와 관리라는 새로운 과제가 생기기 때문이다. 부의 증가는 단순히 소유물의 목록을 늘리는 것이 아니라 관리해야 할 위험 요소와 책임의 목록을 함께 늘린다. 이 부담을 줄이려면 부를 삶의 전부가 아닌 일부로 자리매김하고, 돈과 나를 동일시하지 않는 심리적 거리를 확보해야 한다. 그래야만 숫자의 등락이 삶 전체를 지배하지 못한다.

돈 없이도 자유로운 삶은 가능한가?

대부분의 사람들은 '자유'를 떠올릴 때, 먼저 경제적 여유를 생각한다. 빚이 없고, 생활비를 걱정하지 않아도 되는 상태. 하지만 한 번쯤 이렇게 물어볼 필요가 있다. **"정말 돈이 있어야만 자유로울 수 있을까?"** 놀랍게도 역사와 철학 속에는 '돈이 많지 않아도 자유로웠던 사람들'이 꽤 많다. 그들의 삶은 우리가 자유에 대해 갖고 있는 전제를 흔든다.

소크라테스는 아테네의 시장에서 값비싼 물건들을 바라보며 이렇게 말했다. **"내가 필요로 하지 않는 것이 이렇게 많다니!"** 그는 부를 쫓지 않았지만 누구보다 당당하고 독립적으로 살았다. 인도의 간디는 평생 거의 아무것도 소유하지 않았지만, 세계에서 가장 영향력 있는 정치 지도자 중 한 명이 됐다. 헨리 데이비드 소로우는 호숫가 오두막에서 자급자족하며 살았고 그 경험을 『월든』에 기록했다. 이들에게 자유는 '돈이 많음'에서 오는 것이 아니라, '돈에 얽매이지 않는 마음'에서 나왔다.

돈 없이 자유로운 삶이 가능하다고 말하면, 사람들은 현실성이 없다고 반박한다. 물론 현대 사회에서 돈이 전혀 필요 없다고 주장하는 것은 비현실적이다. 기본적인 생계와 안전, 최소한의 의식주는 돈으로 해결해야 한다. 그러나 여기서 말하는 '돈 없이도 자유롭다'는건 돈을 최소한의 필요를 채우는 도구로 두고, 그 이상은 삶의 주인이 되지 않게 하는 태도를 뜻한다. 돈이 많지 않아도 소비를 줄이고, 욕망을 관리하며, 자신이 원하는 방식으로 살아갈 수 있다면 그것이 곧 자유다.

현대 사회에도 이런 삶을 실천하는 사람들이 있다. '파이어족(FIRE: Financial Independence, Retire Early)'의 극단적인 형태는 아니더라도, 자발적으로 소득을 줄이고 생활을 단순화해 시간과 선택권을 확보하는 이들이다. 월세가 저렴한 시골로 이주해 자급자족하며 사는 부부, 비싼 차 대신 자전거를 타고 출퇴근하며 남은 시간을 글쓰기와 음악에 쓰는 사람들. 그들의 자유는 은행 잔고에서 오는 것이 아니라, '돈을 위해 하지 않아도 되는 일들'에서 비롯된다.

철학적으로도 이런 자유는 오래전부터 논의됐다. 스토아 철학자 세네카는 **"가장 부유한 사람은 가장 적게 욕망하는 사람이다."** 라고 했다.

불필요한 것을 원하는 순간, 우리는 그것을 얻기 위해 의무와 구속을 스스로 만들어낸다. 반대로 욕망이 줄어들면 자유는 그만큼 늘어난다. 경제적 자원이 적어도 욕망이 적으면 삶의 만족감은 높아질 수 있다.

물론 이런 삶은 대가가 따른다. 사회가 정한 '성공'의 기준에서 벗어나야 하고, 때로는 타인의 시선을 견뎌야 한다. 하지만 그 대가를 감수할 수 있다면 돈 없이도 상당한 자유를 누릴 수 있다. 진짜 중요한 것은 돈의 액수가 아니라 내가 원하는 것을 선택할 수 있는 주도권이다. 이 주도권은 생각보다 적은 비용으로도 가질 수 있다.

돈 없이도 자유로울 수 있는가에 대한 답은 '가능하다, 그것은 욕망의 크기에 달려 있다'이다. 자유는 돈의 많고 적음보다, 돈을 바라보는 나의 태도와 삶의 구조에서 비롯된다. 우리가 자유를 '돈이 있어야 가능한 것'으로만 생각하는 순간 우리는 스스로를 구속한다. 하지만 자유를 '돈에 종속되지 않는 상태'로 정의한다면, 그 길은 훨씬 더 다양한 방식으로 열릴 수 있다.

한눈에 보는
돈의 철학

- ✔ 경제적 자유는 출발선일 뿐 목적이 될 수 없다.
- ✔ 돈은 자유의 연료이지만 방향이 없으면 가능성에 머문다.
- ✔ 진짜 자유는 원치 않는 일을 거절하는 데 있다.
- ✔ 돈이 많아도 불안하면 자유와는 거리가 멀다.
- ✔ 부가 늘수록 잃을 것과 관리의 부담이 커진다.
- ✔ 손실 회피와 인지 부하는 자산이 커질수록 심해진다.
- ✔ 자유를 지키려는 관리가 새로운 의무와 제약을 만든다.
- ✔ 욕망을 줄이면 돈이 적어도 자유를 누릴 수 있다.
- ✔ 자유는 은행 잔고보다 삶을 주도하는 힘에서 나온다.
- ✔ 결국 자유의 핵심은 돈이 아니라 욕망의 크기다.

| 3 |

지금 나는 충분한가?

비교는 어떻게 '가난한 감정'을 만드는가?

심리학자들은 오래전부터 '가난'이란 개념을 단순한 경제적 수치로만 설명할 수 없다는 사실을 밝혀왔다. 절대적 가난이 생존에 필요한 자원이 부족한 상태라면, 상대적 가난은 나의 상황이 주변보다 뒤처진다고 느끼는 심리 상태다. 후자를 사회심리학에서는 '상대적 박탈감(relative deprivation)'이라고 부른다. 이 감정은 종종 실제 소득 수준과 무관하게 삶의 만족도를 떨어뜨리고, 때로는 우울과 불안을 심화시킨다.

상대적 박탈감 연구의 대표적인 사례 중 하나는 1978년 캘리포니아 대학교 심리학과에서 진행된 소득-만족도 비교 실험이다. 연구팀은 동일한 연봉을 받는 두 집단을 나누어 한 집단에는 자신이 평균 이상이라는 정보를, 다른 집단에는 평균 이하라는 정보를 주었다. 결과는 단순했다. '평균 이하'라는 말을 들은 집단은 실제 소득이 변하지 않았음에도 만족도가 30% 가까이 떨어졌다. 만족감은 '얼마나 버는가'보다 '다른 사람과의 격차'를 더 민감하게 반영한 것이다.

이와 유사하게 2010년 미국 사회학회에서 발표된 자료에 따르면, 같은 동네에 사는 상위 20% 소득층과 하위 20% 소득층의 주관적 행복도 차이는, 다른 지역 거주자와 비교할 때보다 훨씬 컸다. 생활환경이 유사할수록 비교가 쉬워지고 박탈감도 더 강하게 느껴진다.

과거에는 비교 대상이 제한적이었다. 직장 동료, 이웃, 친척처럼 물리적으로 가까운 사람들이 기준이었다. 20세기 중반 영국 런던의 한 장기 연구에 따르면, 같은 구역에 거주하는 사람들의 행복도는 소득의 절대 수준보다 '이웃 대비 소득 위치'에 따라 더 큰 차이를 보였다.

디지털 시대에 들어서면서 비교 집단은 전 세계로 확장됐다. 스마트폰과 SNS를 통해 우리는 뉴욕의 금융인, 두바이의 사업가, 서울의 연예인과도 일상적으로 연결된다. 하이라이트 장면만 모아 보여주는 이 정보 흐름 속에서, 나의 평범한 하루는 더욱 초라하게 느껴진다. 사회심리학자 셰리 터클(Sherry Turkle)은 이를 '편집된 현실과의 경쟁'이라고 불렀다. 우리가 맞서는 상대는 실제 인물이 아니라 잘 골라낸 '이상적인 이미지'다.

상대적 박탈감은 단순한 개인 심리를 넘어 사회 변화를 이끌어온 동력 중 하나였다. 1920년대 미국의 '광란의 20년(Roaring Twenties)' 동안 자동차·라디오·패션 소비가 급증했다. 대공황 이전까지 경제 지표는 성장했지만, 하위 계층의 소비 욕구는 상위 계층과의 격차 때문에 더 크게 자극됐다. 이 시기 부의 불평등에 대한 불만이 정치적 운동과 사회 개혁 요구로 이어졌다.

1960~70년대 동유럽에서는 서방 세계의 생활수준을 접한 젊은 세대가 강한 박탈감을 느끼면서, 체제 변화와 개혁 요구를 주도했다. 흥미로운 점은 그들이 실제로 굶주리거나 빈곤한 상태는 아니었음에도, 서방의 물질적 풍요와의 비교가 체제에 대한 불만을 폭발시켰다는 것이다.

경제학자 로버트 프랭크(Robert Frank)는 '위치 재화(positional goods)' 개념을 제시하며, 일부 재화와 서비스는 본질적 효용보다 '다른 사람보다 앞서 있다는 신호'로 소비된다고 설명했다. 고급 시계, 한정판 가방, 명문대 졸업장은 모두 '위치 재화'의 대표적인 예다. 사회가 이런 신호에 민감할수록 비교로 인한 박탈감은 커지고 소비 경쟁은 격화된다.

실제로 OECD 2018년 보고서에 따르면, 불평등이 큰 국가일수록 소득 상위층의 소비 패턴이 빠르게 하위층으로 확산되며, 이 과정에서 가계 부채 비율이 높아지는 경향이 나타났다. 더 많이 벌어도 주변 소비 기준이 더 빠르게 올라가면 만족감은 제자리걸음을 한다.

사회심리학자 리처드 윌킨슨과 케이트 피켓은 『평등이 더 낫다(The Spirit Level)』에서 개인의 심리 건강과 공동체의 안정성을 위해서는 소득 격차 완화가 필수적이라고 주장했다. 하지만 제도적 변화 외에도 개인이 비교로부터 자신을 보호하는 방법이 있다.

- **비교 집단 축소** : 나의 기준을 물리적으로·정서적으로 가까운 소수로 한정하기
- **가치 전환** : 금전적 지표 외에 건강, 관계, 여가와 같은 비물질적 지표를 만족의 척도로 삼기
- **정보 다이어트** : SNS·미디어 노출 시간을 줄여 '편집된 현실'과의 접점을 줄이기

상대적 박탈감은 절대 수치보다 '간격'에서 생긴다. 이 간격이 넓어질수록 우리는 스스로를 더 가난하게 느낀다. 디지털 시대는 이 간격을 전례 없이 넓혔다. 나보다 잘난 사람을 찾는 일은 몇 초면 가능하고, 그들의 삶은 언제나 나보다 더 빛나는 것처럼 보인다. 하지만 만족의 기준을 다시 설정하면 간격은 자연스럽게 줄어든다. 우리가 채워야 할 것은 자산 규모가 아니라 비교로부터 자유로운 내면의 안정감이다.

충분함을 느끼는 능력은
어디에서 오는가?

어떤 사람은 월급이 많아도 늘 부족하다고 말하고, 또 어떤 사람은 적은 수입으로도 만족하며 산다. 객관적인 숫자보다 주관적인 만족도가 더 큰 차이를 만드는 이유는 무엇일까? 충분함을 느끼는 능력은 단순히 은행 잔고에서 나오지 않는다. 그것은 우리가 삶을 바라보는 태도, 욕망을 관리하는 방법, 그리고 관계와 경험을 쌓는 방식에서 비롯된다.

철학자 에피쿠로스는 '필요한 것'과 '불필요한 것'을 구분하는 능력이 행복의 핵심이라고 보았다. 그는 편지에서 이렇게 썼다.

"단순한 식사와 물 한 잔이 나를 배부르게 한다면, 나는 신과 같은 행복을 누린다."

여기서 말하는 '단순함'은 결핍이 아니라 자발적 선택이다. 우리는 충분함을 외부에서 찾아야 한다고 믿지만, 실은 충분함은 내부에서 설계하는 것이다. 무엇이 나에게 꼭 필요한지, 무엇은 없어도 괜찮은지를 아는 순간 부족함은 크게 줄어든다.

심리학적으로도 충분함의 감각은 '기대치와 현실의 간격'에서 결정된다. 이 간격이 클수록 불만이 커지고 간격이 좁을수록 만족이 높아진다. 어떤 사람들은 소득이 늘어도 만족도가 오르지 않는다. 그 이유는 기대치가 함께 올라가기 때문이다. 연봉이 오르면 생활 수준을 맞추기 위해 더 많은 지출을 하고, 이전보다 더 좋은 집과 차, 여행을 원한다. 기대치가 계속 높아지면 절대적인 자원이 늘어도 충분함은 오지 않는다.

역사 속에서도 '만족을 아는 사람들'은 주어진 조건 속에서 놀라운 자유를 누렸다. 조선 시대 실학자 이덕무는 가난했지만 책을 사랑했고, 작은 서재에서 평생을 보내며 학문과 글쓰기에 몰두했다. 그는 자신의 생활을 **"누추하지만 넉넉하다."**라고 표현했다. 넉넉함이란 소유의 크기가 아니라 지금 가진 것으로 살아가는 기술이었다. 부유한 양반 중에도 남과 비교하며 끊임없이 더 많은 재산과 권세를 쫓다가 평생 불안 속에 산 사람들도 있었다.

현대에도 비슷한 사례는 많다. 한 도시 근교에서 소규모 농장을 운영하는 부부는 도시의 높은 소득을 버리고도 **"지금이 훨씬 넉넉하다"**고 말한다. 그들의 수입은 과거의 절반도 되지 않지만, 스스로 시간을 쓰고, 소비를 줄이고, 이웃과 교류하는 삶 속에서 충분함을 느낀다. 반대로, 초고소득 전문직 종사자 중에는 주말마다 업무 이메일을 확인하며 휴가 중에도 불안을 떨치지 못하는 사람이 많다. 충분함은 숫자가 아니라 '삶의 구조'에서 비롯된다는 것을 보여주는 사례다.

충분함을 느끼는 능력을 키우기 위해서는 세 가지 요소가 필요하다. **첫째, 욕망의 재정의**다. 내가 원하는 것이 진짜 나의 욕망인지, 아니면 사회와 타인의 시선이 주입한 것인지 구분해야 한다. **둘째, 시간의 주권**이다. 돈이 있어도 시간이 없으면 충분함은 사라진다. 시간을 어떻게 쓰는지가 만족의 질을 결정한다. **셋째, 관계의 질**이다. 함께 웃고 대화할 수 있는 관계가 있을 때, 물질적 조건의 부족은 상대적으로 덜 중요해진다.

스토아 철학자 마르쿠스 아우렐리우스는 **"현재의 순간에 만족하라. 그것이 자유의 시작이다."**라고 말했다. 충분함을 느끼는 능력은 결국 지금 이 순간을 받아들이는 힘이다. 내일 더 많은 것을 얻어야만 행복할 수 있다고 믿는 한, 충분함은 영영 도착하지 않는다. 하지만 오늘을 충분히 살 수 있다면, 내일이 어떻게 오든 우리는 이미 자유롭다.

에피쿠로스의 조언:
적게 가져도 행복할 수 있다

　에피쿠로스라는 이름을 떠올리면 많은 사람들이 먼저 '쾌락주의'를 연상한다. 그러나 그가 말한 쾌락은 흔히 생각하는 사치나 향락이 아니었다. 그는 몸의 고통과 마음의 불안이 없는 상태, 곧 평온한 삶을 최고의 행복으로 정의했다. 그의 철학은 오늘날에도 여전히 울림을 가진다. 왜냐하면 우리는 **"많이 가지면 자유로워진다"**는 믿음으로 살아가지만, 실제로는 많이 가질수록 더 많은 불안을 떠안기 때문이다.

　큰 부를 소유한 사람들의 일상에는 우리가 보지 못하는 숨은 비용들이 존재한다.

- **주택 관리와 경비** : 호화 저택은 단순히 넓은 집이 아니라, 수많은 관리인의 손길을 필요로 한다. 정원사, 청소 인력, 보안 시스템, 경비원 등 집을 지키는 데만 매달 수백만 원에서 수천만 원이 들어간다. 집이 클수록 그 집은 주인이 아니라 비용이 주인을 부린다.

- **자동차와 사치품** : 값비싼 차량 여러 대를 보유하면, 자동차세·보험료·보관 비용이 기하급수적으로 늘어난다. 클래식카나 슈퍼카는 오히려 자주 탈 수도 없어서 소유자는 늘 '관리의 부담'을 짊어진다.

- **예술품과 귀금속** : 고가의 미술품이나 보석은 소유하는 순간부터 '보존과 안전'이 과제가 된다. 특별한 온도와 습도를 유지해야 하고 전문 보험에 가입해야 한다. 작품은 자유를 주는 대신 끊임없이 '잘 보관하고 있는가?'라는 불안을 불러온다.

- **세금과 법률 관리** : 자산이 커질수록 세금 문제는 복잡해진다. 회계사와 세무사를 고용하고, 법률 자문을 받아야 하며, 국가 간 세율 차이를 피하기 위한 '절세 전략'까지 동원해야 한다. 돈을 버는 것보다 지키는 데 더 많은 시간이 소모된다.

- **신변 보호** : 사회적 지위가 높아질수록 납치나 협박의 위험이 따른다. 세계적으로 유명한 기업가나 연예인이 늘 경호원을 대동하는 이유는 단순한 과시가 아니라 실제로 '잃을 것'이 많기 때문이다.

'부'는 단순히 자유와 편리함을 주는 것이 아니라 보이지 않는 감옥을 함께 제공한다. 많아질수록 늘어나는 관리와 방어의 의무는 삶을 가볍게 만들기보다는 무겁게 한다.

현대 심리학 연구는 이런 현상을 '손실 회피(Loss Aversion)'와 '소유 효과(Endowment Effect)'로 설명한다.

- **손실 회피** : 사람은 같은 양의 이득보다 같은 양의 손실을 훨씬 크게 느낀다. 자산이 많아질수록 작은 손실도 큰 고통으로 다가온다.
- **소유 효과** : 한 번 내 것이 된 물건이나 재산은 실제 가치 이상으로 소중하게 여겨진다. 그래서 고가의 자산을 가진 사람일수록, 그것을 잃을까 하는 불안은 배가된다.

결과적으로 부자는 더 자유롭지 않다. 오히려 작은 시장 변동에도 마음이 요동치고, 통제할 수 없는 외부 요인에 더 취약해진다.

이 불안의 그림자는 역사를 통해서도 드러난다.

- **1929년 대공황** 당시 미국의 상류층은 하루아침에 자산을 잃었고, 일부는 극단적 선택을 하기도 했다. 가난한 이들보다 오히려 부유층이 더 큰 심리적 충격을 받은 이유는, 그들의 삶이 철저히 '유지와 방어'에 맞춰져 있었기 때문이다.
- **조선 후기의 양반 가문** 역시 막대한 토지와 노비를 보유했지만, 늘 반란과 세금 개혁, 권력 다툼에 불안을 느꼈다. 재산이 많다는 사실은 곧 표적이 된다는 뜻이었다.
- **현대의 IT 거부**들도 비슷하다. 수십억 달러의 자산을 가진 이들은 법률 분쟁, 해킹, 보안 위협에 시달린다. 그들의 불안은 돈을 벌기 전이 아니라, 돈을 번 이후에 폭발적으로 증가한다.

에피쿠로스는 욕망을 세 가지로 나누었다. 생존에 필수적인 욕망, 있으면 좋은 욕망, 끝없는 욕망. 그는 첫 번째 욕망만 충족하면 평온에 이를 수 있고, 나머지를 줄일수록 자유로워진다고 말했다. 오늘날의 상황에 비추어 보면, 이는 곧 **"많이 가져서 행복한 것이 아니라, 적게 가져서 평온한 것이다"**라는 메시지다. 과잉의 욕망은 우리를 더 풍요롭게 하지 못하고, 오히려 더 큰 불안과 경쟁을 낳는다. 그래서 욕망을 구분하는 지혜는 단순한 철학적 가르침이 아니라 현대인에게도 여전히 실질적인 생존 전략이 된다.

실제로 미니멀리즘을 실천하는 사람들은 자산이 줄어도 삶의 만족도가 오히려 늘었다고 말한다. 이유는 단순하다. 방어해야 할 것이 적으니 마음이 가볍고, '잃을까 두려운 것'이 줄어들기 때문이다.

많은 것을 소유하면 우리는 그만큼 많은 경비와 세금, 보험과 불안을 함께 소유하게 된다. 에피쿠로스가 말한 행복은 바로 이 무게를 내려놓는 데 있다. 행복은 부가 아닌 내가 충분하다고 느끼는 마음의 상태에서 비롯된다. 즉, 소유의 양이 아니라 감정의 질이 삶의 무게를 결정하며, 가벼워진 마음이야말로 진짜 자유를 가능하게 한다.

진짜 부유함은 자산의 크기가 아니라, 내가 지켜야 할 것이 너무 많아 마음이 무거워지지 않는 상태. 적게 가져도 행복할 수 있다는 에피쿠로스의 조언은, 결국 이렇게 요약할 수 있다. 그의 말은 단순한 절약의 미덕을 넘어서, 삶을 스스로 선택하고 다스릴 수 있는 힘을 되찾으라는 요청이기도 하다.

"많은 것을 지키느라 불안할 바에야, 적은 것을 가지고 평온하라."

이 한 문장은 욕망에 흔들리는 인간의 오래된 문제를 압축한 가르침이며, 오늘 우리에게도 여전히 가장 현실적인 행복의 지침이 된다.

한눈에 보는
돈의 철학

✔ 비교는 절대적 수치보다 간격에서 생긴다.

✔ 상대적 박탈감은 실제 소득보다 만족도를 더 크게 흔든다.

✔ 디지털 시대는 비교 대상을 전 세계로 확장시켰다.

✔ 비교는 소비 경쟁을 부추기고 가계 부채를 늘린다.

✔ 만족은 소득이 아니라 기대치와 현실의 간격에서 나온다.

✔ 욕망을 줄일수록 충분함을 더 쉽게 느낄 수 있다.

✔ 관계와 시간, 태도가 충분함의 핵심 요소다.

✔ 많은 소유는 자유보다 불안을 더 키운다.

✔ 적게 가지면 지켜야 할 것이 줄어 마음이 가벼워진다.

✔ 행복은 부의 크기가 아니라 평온을 선택하는 태도에서 나온다.

【2부】

우리는 돈을
어떻게 오해하는가?

여는문

우리는 '돈'이라는 단어를 들으면 개인의 필요와 욕망을 먼저 떠올리지만, 돈은 사회 속에서 만들어지고 유지되는 제도이자 관계망의 일부다. 그럼에도 불구하고 우리는 종종 돈을 개인의 능력이나 가치와 단순하게 동일시한다. 현대 사회에서는 돈의 크기가 곧 성공의 척도처럼 여겨진다. 좋은 직업, 넓은 집, 화려한 소비를 누리는 모습이 '성공한 사람'의 이미지로 반복 재생되고, 이러한 인식은 광고, 미디어, SNS를 통해 끊임없이 강화된다. 이 등식은 어디에서 시작되었으며 정말로 타당한 것일까? 돈을 많이 가졌다는 이유만으로 그 사람이 더 나은 사람이라고 말할 수 있을까?

부의 형성과 분배를 둘러싼 윤리적 질문도 놓칠 수 없다. 우리는 흔히 **"노력한 만큼 번다"**는 말을 당연한 진리처럼 받아들이지만, 실제 사회 구조 속에서 이 말은 얼마나 유효할까? 동일한 노력에도 불구하고 출발선과 기회가 다르면 결과는 크게 달라진다. 존 롤스와 로버트 노직 같은 정치철학자들은 '공정한 부'의 기준을 두고 서로 다른 해석을 내놓았다. 부의 정당성은 단순히 불법이 없다는 조건만으로 보장되지 않는다. 특히 부의 세습과 자산 불평등 문제는 단순한 개인의 문제가 아니라, 사회 전체의 지속 가능성과도 직결되는 윤리적 과제다.

한편, 가난을 바라보는 시선 역시 사회적 오해로 가득 차 있다. 가난을 개인의 무능이나 게으름으로만 해석하는 시선은 사회 구조의 문제를 가린다. 가난에 대한 낙인은 사람을 단순히 경제적 약자가 아니라, 열등하고 의존적인 존재로 규정하며, 이로 인해 가난은 단순한 경제적 상태가 아닌 사회적 배제의 원인이 된다. 장 자크 루소는 이미 오래전에 불평등이 단순한 경제적 차이에서 시작된 것이 아니라, 인간 사회가 소유와 비교를 제도화하면서 비롯되었다고 통찰했다.

【2부】는 바로 이 지점에서 출발한다. 우리는 돈과 부를 어떻게 오해하고 있는가? 부=성공이라는 공식은 어떻게 만들어졌으며, 그것이 개인과 사회에 어떤 영향을 주고 있는가? 부의 정당성은 어떤 조건에서 성립할 수 있는가? 그리고 우리는 가난을 얼마나 잘못 이해하고 있는가? 이 질문들은 단순히 경제학의 범위를 넘어, 사회학·윤리학·철학의 영역에서 깊이 논의되어야 할 주제다. 2부에서는 이 문제들을 차례로 짚어보며, 돈에 관한 우리의 관념을 근본부터 다시 묻는다.

4장은 '돈=성공'이라는 공식의 기원과 그 한계를 파헤치고, 5장은 부의 정당성과 세습, 분배 문제를 정치철학의 관점에서 짚어본다. 6장은 가난에 붙은 낙인과 사회적 배제를 비판하며 심리학적 연구와 함께 살펴본다. 이렇게 2부는 돈을 둘러싼 사회적 오해와 신화를 하나하나 벗겨내며, 부를 새롭게 이해할 수 있는 출발점을 마련한다.

| 4 |

우리는 어떤 사람을 '성공했다'고 부르는가?

'부=성공'이라는 등식은
어디서 시작됐는가?

돈과 행복의 관계는 오래전부터 수많은 철학자와 사상가들의 논쟁거리였지만, 최근 수십 년간은 심리학과 경제학이 이 문제를 실증적으로 탐구하기 시작했다. 질문은 단순하다. **"돈이 많아질수록, 우리는 더 행복해지는가?"** 그러나 연구가 보여주는 답은 예상보다 훨씬 복잡하고 제한적이다.

1970년대 미국 경제학자 리처드 이스터린(Richard Easterlin)은 여러 국가의 데이터를 비교해 흥미로운 패턴을 발견했다. 국가 전체의 평균 소득이 증가해도 국민들의 주관적 행복도는 일정 수준 이상에서 크게 오르지 않는다는 것이다. 소득은 행복의 기초 조건을 마련해 주지만, 일정 수준을 넘어서면 추가적인 돈이 더 큰 만족을 보장하지 않는다. 이를 흔히 '이스터린 패러독스'라고 부른다.

심리학적 연구도 같은 방향을 지지한다. 대니얼 카너먼과 앵거스 디턴은 2010년 미국인을 대상으로 한 대규모 조사에서, 연 소득 약 7만~8만 달러(한화 약 1억 원)까지는 소득 증가가 삶의 만족도와 정서적 안녕을 확실히 높인다고 밝혔다.[1] 하지만 이 지점을 넘어가면 돈이 주는 추가 행복 효과는 거의 정체된다. 즉, '기본적 안정'을 넘어선 순간, 행복은 돈이 아닌 다른 요인에 의해 좌우된다는 결론이다.

돈이 행복을 제한적으로만 설명하는 이유 중 하나는 상대적 비교 때문이다. 심리학자들은 사람들이 절대적 소득보다 주변과의 차이를 더 민감하게 인식한다고 지적한다. 같은 연봉을 받더라도 동료보다 적으면 불만이 커지고, 더 많으면 만족감이 상승한다. 영국과 일본에서 실시된 연구는, 개인의 소득보다 이웃이나 동료의 평균 소득이 행복도에 더 큰 영향을 미친다는 사실을 보여주었다. 소득이 높아져도 주변 기준이 함께 올라가면 만족은 늘 뒷걸음친다.

행복을 결정짓는 요인들은 데이터 속에서 반복적으로 드러난다.
- **관계** : 심리학 연구에 따르면, 친밀한 관계와 사회적 지지가 행복에 미치는 영향은 소득보다 훨씬 크다. 하버드 성인 발달 연구(80년 이

---

1. 출처 : Kahneman & Deaton (2010), PNAS

상 진행된 장기 연구)는 '좋은 인간관계가 건강과 행복의 가장 강력한 예측 변수'라는 결론을 내렸다.

- **자율성** : 경제학자 브루노 프레이는 사람들이 소득 수준보다 삶을 스스로 통제할 수 있다는 생각에서 더 큰 만족을 얻는다고 밝혔다. 높은 연봉이라도 강제된 환경에서 일한다면 행복은 오히려 줄어든다.
- **의미와 성취** : 심리학자 마틴 셀리그만은 긍정심리학 연구에서 행복을 쾌락적 즐거움, 몰입, 그리고 의미 이렇게 세 가지로 나눴다. 이 중 의미와 성취는 소득과 직접적 관련이 거의 없으면서도 지속적인 행복감을 만든다.

경제적 상위 계층이라고 해서 불안과 불만에서 자유로운 것도 아니다. 연구에 따르면, 부유층은 오히려 자산 변동에 더 민감하고, 소유물을 잃을 가능성에 강한 불안을 느낀다. 심리학의 '손실 회피(Loss Aversion)' 효과 때문이다. 가진 것이 많을수록 잃을 것도 많아지고, 그 공포가 행복을 갉아먹는다. 실제로 주식 시장 변동기에 고소득층일수록 스트레스 지수가 더 높다는 조사도 있다.

이 모든 데이터를 종합하면, 돈은 행복에 기여하지만, 전부를 설명하지는 못한다는 사실이 명확해진다. 부유함이 반드시 성공이나 행복을 의미하지 않는 이유다. 그럼에도 현대 사회가 여전히 '부=성공'이라는 공식을 강화하는 것은 광고와 미디어가 끊임없이 성공을 물질적 부와 연결해 보여주기 때문이다. 그러나 통계는 분명히 말한다. 삶의 질은 소득이 아니라 관계·자율성·의미 같은 요인에 더 깊이 뿌리내리고 있다.

우리가 던져야 할 질문은 단순히 '얼마나 버는가?'가 아니다.

- 나는 내 삶의 속도를 스스로 조절할 수 있는가?
- 나는 믿을 만한 관계망 속에서 살아가고 있는가?
- 내가 하는 일이 나에게 의미를 주는가?

경제학과 심리학 연구는 공통적으로, 이 질문들에 **"예"**라고 답할 수 있는 사람이 더 행복하다고 말한다. 돈은 여전히 중요한 도구이지만, 성공을 정의하는 최종 기준은 아니다. 우리가 성공을 다시 정의해야 하는 이유가 여기에 있다.

돈을 가진 자는 정말 더 나은 사람인가?

우리는 일상 속에서 돈을 많이 가진 사람을 무의식적으로 '더 나은 사람'이라고 여기는 경향이 있다. 이때의 '더 나음'은 단순히 재산의 크기만을 의미하지 않는다. 사회는 그들에게 더 높은 지위, 더 나은 품격, 더 세련된 취향, 심지어 더 뛰어난 도덕성까지 덧씌운다. 고급 차를 타고, 명품 가방을 들고, 비싼 레스토랑에서 식사하는 모습은 성공과 품격의 상징처럼 소비되고, 이런 이미지가 반복적으로 노출되면서 사람들은 부와 인격을 동일시하게 된다. 그러나 정말 돈이 많다는 사실이 그 사람의 품성, 가치관, 도덕성을 보장해줄까?

역사를 보면 부유하지만 도덕적으로 부패한 사람의 사례는 무수히 많다. 기업의 불법 로비, 환경 파괴, 노동 착취, 탈세 같은 행위가 뉴스에 오를 때마다 우리는 부와 도덕이 반드시 연결되지 않는다는 사실을 다시 확인한다. 부는 오히려 사람의 본성을 더 뚜렷하게 드러내는 경향이 있다. 선한 사람이 부를 가지면 그 부를 선한 목적에 쓰지만, 탐욕스러운 사람이 부를 가지면 그 부는 더욱 파괴적인 방향으로 흘러간다. 돈이 사람을 바꾸는 것이 아니라, 돈은 그 사람의 본래 성향을 확대하는 거울이 되는 것이다.

문제는 사회가 부자에 대해 갖는 호의적인 편견이 이 불균형을 강화한다는 점이다. 부유한 사람의 발언은 더 주목받고, 그들의 라이프스타일은 미디어에서 '본받을 가치가 있는 것'으로 포장된다. 그들의 말이 더 설득력 있게 들리는 이유는 종종 그 말이 옳기 때문이 아니라 말하는 사람이 부자이기 때문이다. 반대로 가난한 사람의 의견은 같은 내용이라도 '현실을 몰라서 하는 말'로 치부되기 쉽다. 결국 돈이 사람의 인격을 높이는 것이 아닌, 사회가 부유한 사람에게 더 많은 신뢰와 기회를 주는 구조 속에서 '부=더 나은 사람'이라는 착시가 형성되는 것이다.

철학자 소크라테스는 **"부유한 사람이 더 지혜롭다는 믿음은 착각이다."** 라고 말했다. 그는 인간의 가치를 판단할 때, 재산보다 덕성과 지혜를 기준으로 삼아야 한다고 강조했다. 현대 사회에서 이 목소리는 광고와 SNS가 만들어내는 부의 이미지에 묻혀버린다. '좋은 차, 좋은 집, 좋은 옷'은 그 자체로는 단지 소비재에 불과하지만, 사람들은 거기에 '능력, 품격, 성공'이라는 의미를 덧입힌다. 이때부터 부는 단순한 경제적 자원이 아니라 사회적 우월감을 증명하는 도구로 변질된다.

돈을 가진 자가 '더 나은 사람'이라는 믿음은 사실과 거리가 멀다. 우리는 부유한 사람이 가진 자원과 영향력을 부러워할 수는 있지만, 그것이 곧 그의 인격적 우월성을 의미하지는 않는다. 오히려 이런 착각을 경계하지 않으면, 우리는 부를 가진 자를 무조건 추종하고, 부를 가지지 못한 사람을 근거 없이 폄하하는 불공정한 사회 인식을 강화하게 된다. 돈이 사람의 가치를 결정하는 것이 아니라 사람이 돈을 어떤 방식으로 쓰느냐가 그 가치를 결정한다는 점을 잊지 말아야 한다.

사회가 만든 부의 이미지들

우리가 '부'라는 단어를 떠올릴 때 그려지는 장면은 놀라울 정도로 비슷하다. 넓고 햇살 가득한 거실이 있는 해안가 주택, 발 아래 구름이 보이는 펜트하우스, 희소한 슈퍼카의 번쩍이는 도장, 한정판 시계, 해외 리조트의 무제한 샴페인 브런치. 이 장면들은 단순한 상상이 아니라, 산업과 미디어가 수십 년에 걸쳐 정교하게 설계해 온 이미지 패키지다.

광고는 단순히 제품을 판매하지 않는다. 제품과 '삶의 방식'을 연결시켜 판다. 20세기 초, 미국의 자동차 회사들은 광고에 성능 대신 해안 도로·도심 야경·사막을 질주하는 장면을 넣기 시작했다. 차를 사면 '이런 삶'을 살 수 있다는 연상을 심어준 것이다. 이후 부동산 광고는 조망

권과 프라이버시를, 명품 브랜드는 장인의 손길과 희소성을 강조하며 소비자를 부유한 세계의 일원으로 초대한다.

이 과정에서 중요한 것은 부를 측정하는 잣대를 시각화한다는 점이다. 소비자는 '어떤 물건을 가졌느냐'가 아니라 '그 물건이 상징하는 사회적 지위'에 반응한다. 광고는 이 상징 체계를 반복적으로 주입해, 결국 '부=특정한 소비 패턴'이라는 공식이 자리 잡게 만든다.

영화와 드라마는 광고가 만든 이미지를 확장·정착시킨다. 1980년대 미국 드라마 Dynasty는 당시 케이블 TV를 통해 전 세계에 초호화 저택, 사교 파티, 디자이너 의상 이미지를 뿌렸다. 한국의 드라마에서도 재벌 캐릭터는 늘 전용기·호텔·럭셔리 부티크와 함께 등장하며, 이 연출은 거의 관습이 되었다.

여기서 핵심은 현실과의 비율 조정이다. 현실 속 부유층이 하루 중 대부분을 사업 관리나 재무 계획에 쓰더라도, 미디어는 그들의 1% '보여줄 만한 순간'만을 선택해 화면에 담는다. 그 결과 부는 노동과 절제가 사라진 '순수한 소비의 장면'으로 인식된다.

디지털 플랫폼은 광고와 미디어가 만든 이미지를 실시간·맞춤형 욕망 자극으로 변환한다. 인스타그램·유튜브·틱톡의 추천 알고리즘은 사용자가 고급 소비 콘텐츠에 한 번 반응하면, 비슷한 영상과 사진을 끝없이 노출한다.

2019년 MIT 연구팀은 SNS 사용자 행동 데이터를 분석해, 고가 소비 콘텐츠 노출 빈도가 높을수록 지출 성향이 단기간에 17% 증가한다는 결과를 발표했다.[1] 특히, 알고리즘이 강조하는 건 '구매 링크'보다 '삶의 단편'이다. 호텔 침대에서 아침을 맞는 장면, 고급 요트 갑판 위의 칵테일, 항공기 비즈니스석의 창가 좌석. 이 장면들은 직접적인 구매 요청 없이도 사용자의 욕망 회로를 활성화한다.

이 구조는 SNS 이전에도 있었다. 1960~70년대 패션 잡지 Vogue와 Harper's Bazaar는 런웨이 사진과 함께, 럭셔리 여행·인테리어·미식 콘텐츠를 배치해 '부의 라이프스타일'을 시각적으로 학습시켰다. 다만 그 시절은 잡지를 구매한 독자만이 접근할 수 있었고, 주기는 한 달에 한 번이었다.

오늘날 스트리밍 플랫폼은 이 과정을 매일, 심지어 매분 단위로 반복한다. 예능 프로그램 속 협찬 제품, 유튜브 브이로그의 여행 장면, 틱톡 챌린지에서 노출되는 한정판 아이템이 모두 '부의 이미지 데이터베이스'를 갱신한다.

광고·미디어·플랫폼의 연쇄 작용은 부를 '축적된 양'이 아니라 '연출된 장면'으로 정의하게 만든다. 현실의 부유층이 모두 소비지향적이지는 않음에도 불구하고, 대중은 미디어를 통해 부를 소비와 동일시한

---

1. 출처 : Burtch, Carnahan, & Greenwood, 2018

다. 결국 부의 본질인 안정, 선택권, 자유는 희미해지고, 남는 것은 과시와 비교를 위한 소비 패턴뿐이다.

이 구조는 개인의 만족도를 낮추고 불필요한 소비 경쟁을 촉발한다. 사회 전체로 보면 가계 부채 증가와 환경 부담까지 이어질 수 있다. 부의 이미지가 산업적·기술적 장치에 의해 설계되고 있다는 사실을 인식하는 것이야말로, 이 욕망 구조를 해체하는 첫걸음이다.

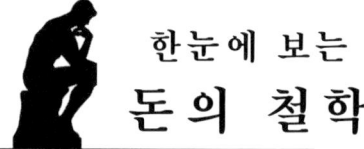

한눈에 보는
돈의 철학

- ✔ 소득은 일정 수준 이상부터 행복을 크게 높이지 못한다.
- ✔ 행복은 절대적 소득보다 상대적 비교에 더 민감하다.
- ✔ 돈보다 관계·자율성·의미가 삶의 질을 더 크게 좌우한다.
- ✔ 부유층일수록 잃을 것에 대한 불안이 커진다.
- ✔ '부=성공'이라는 등식은 통계보다 광고와 미디어가 강화했다.
- ✔ 사회는 돈이 많을수록 품격과 도덕성까지 있다고 착각한다.
- ✔ 돈은 본성을 바꾸기보다 사람의 성향을 확대하는 거울이다.
- ✔ 광고와 미디어는 부를 소비 장면과 동일시하도록 학습시킨다.
- ✔ SNS와 알고리즘은 욕망을 가속화하며 소비 경쟁을 키운다.
- ✔ 결국 부의 본질은 흐려지고, 과시와 비교만 남게 된다.

| 5 |

부는 정당할 수 있는가?

'노력한 만큼 번다'는 말의 이면

"노력한 만큼 번다"

이 말은 단순하지만, 오랫동안 사람들의 가치관을 지배해온 강력한 문구다. 이 문장을 곱씹어 보면, 그것은 단순한 경제적 방정식이 아니라, '충분하다는 생각을 무엇으로 정의하는가'라는 철학적·문화적 질문으로 이어진다. 각 사회와 시대는 저마다 다른 방식으로 노력과 보상, 그리고 만족의 기준을 설정해왔다.

서양의 사상 전통은 오랫동안 노력과 보상, 그리고 끊임없는 확장을 중시해왔다. 고대 그리스의 아리스토텔레스는 행복을 '탁월한 활동의 결과'로 보았고, 이는 노력의 완성을 통해 성취되는 것으로 해석되었다. 중세 기독교 사회에서는 근면과 절약이 신의 축복을 끌어오는 도덕적 미덕으로 간주되었고, 근대 자본주의의 발전은 이 전통을 경제 체계로 제도화했다.

막스 베버가 설명한 '프로테스탄트 윤리' 역시 이 흐름을 잘 보여준다. 신에게 선택받았다는 확신을 얻기 위해 사람들은 부단히 노력했고, 그 노력의 결과로 축적된 부는 곧 신앙적 정당성의 증표로 여겨졌다. 이때 **"노력한 만큼 번다"**는 말은 단순한 생활 규범이 아니라, 존재의 구원과 직결된 확신이었다. 문제는 이 사고방식이 시간이 흐르며 세속화되면서, 돈의 양과 성취가 곧 개인의 가치와 동일시되었다는 점이다. 결과적으로 '충분하다'는 개념은 사라지고, 끝없는 성장과 비교 속의 부족감만이 남게 되었다.

반대로 동양의 전통은 '충분함'을 이와는 다르게 정의해왔다. 공자는 **"군자는 의를 생각하고, 소인은 이익을 생각한다."**라고 하면서도, 인간의 삶에는 일정한 물질적 필요가 있음을 부정하지 않았다. 그는 그 필요를 절제와 조화 속에서 충족하는 것이 중요하다고 강조했다.

불교 또한 유사한 맥락을 제시한다. 불교의 '중도(中道)' 사상은 욕망을 완전히 끊는 것도, 무한히 추구하는 것도 아닌, 필요한 만큼만으로 삶을 유지하는 길을 강조한다. 에피쿠로스가 말한 소박한 만족과도 닮아 있는데, 여기서 '충분하다'는 것은 외부의 비교가 아니라 내 마음이 고요해지는 지점이다.

조선 후기의 실학자 정약용은 유배지에서 최소한의 물건만을 갖고 살며, 학문과 사색으로 충만함을 찾았다. 그에게 충분함은 재산의 크기가 아니라, 학문과 관계 속에서 얻는 내적 만족이었다. 즉 동양의 맥락에서 **"노력한 만큼 번다"**는 말은 끝없는 축적이 아니라, 내 삶에 필요한 만큼을 충족하면 족하다는 식으로 해석될 여지가 많았다.

현대 사회에서는 이 두 전통이 충돌한다. 서구식 자본주의의 논리와 동양식 절제의 지혜가 동시에 존재하지만, 글로벌 미디어와 플랫폼은 압도적으로 서구적 가치인 끝없는 소비와 성취를 확산시킨다. SNS 속에서 사람들은 타인의 부와 성취를 실시간으로 확인하며, '충분하다'는 감각을 스스로의 내면이 아니라 타인의 삶과의 비교 속에서 정의하게 된다.

일부 흐름은 다시 동양적 지혜로 회귀하는 듯 보인다. 미니멀리즘, 슬로우 라이프, 다운시프팅 같은 현대적 생활 방식은 서양의 과잉 성취 논리에 대한 반작용이다. 이는 동양이 오래전부터 말해온 **"적게 가져도 행복하다"**는 감각과 맞닿아 있다. 결국 현대인은 두 문화적 전통 사이에서 줄타기를 하고 있는 셈이다.

"노력한 만큼 번다"라는 말의 진짜 문제는 '얼마나 벌어야 충분한가?'라는 질문에 명확한 답을 주지 못한다는 점이다. 서양은 더 많은 성취를, 동양은 내적 절제를 강조한다. 결국 우리는 스스로에게 물어야 한다. 충분함의 기준을 사회가 정해주는가, 아니면 내가 정하는가?

동양과 서양의 가치관을 함께 돌아보면, 이 말의 이면은 단순히 노력과 보상의 문제가 아니라, 삶의 기준을 어디에 두느냐의 문제임을 알게 된다. '충분하다'는 생각을 내 안에서 정의할 수 있을 때, **"노력한 만큼 번다"**는 구호는 단순한 이데올로기를 넘어, 균형 잡힌 삶을 향한 지혜가 될 수 있다.

공정한 부란 존재하는가?

'공정한 부'라는 개념은 시대와 문화가 성공을 어떻게 정의하느냐에 따라 전혀 다르게 해석된다. 성공의 기준이 변하면 부의 의미와 그것을 공정하게 분배한다는 개념도 함께 달라진다. 인류는 여러 시기를 거치며 부를 바라보는 눈과 그것을 평가하는 잣대를 계속 바꿔왔다.

고대 그리스·로마 시대에 부의 기준은 토지와 명예였다. 당시의 사회 구조에서 토지는 곧 권력과 직결됐고, 부유한 시민은 정치 참여와 군사적 의무를 함께 수행했다. 부를 '공정하게' 나눈다는 개념은 거의 존재하지 않았다. 대신 귀족이나 지배계층은 명예와 책임을 함께 짊어지며, 사회적 기여를 부의 정당화 근거로 삼았다. 즉, 부는 개인의 안락함보다는 공동체 안에서의 지위와 권위를 보여주는 수단이었고, 경제적 풍요보다 정치적 권력과 도덕적 책무를 어떻게 수행하느냐가 더 중요한 평가 기준이었다.

중세 유럽에서는 부의 기준이 출생과 신분으로 고정됐다. 왕과 귀족은 태어난 순간부터 막대한 토지와 특권을 소유했고, 상속은 당연한 권리로 여겨졌다. 여기서 '공정성'은 신분 질서를 유지하는 것과 동일시됐다. 가난한 농민이 부자가 되는 일은 거의 불가능했으며, 성공의 기준은 개인의 노력보다 가문의 역사에 있었다. 부는 개인이 이룩할 수 있는 성취가 아니라, 피와 혈통으로 주어지는 운명에 가까웠으며, 종교적 세계관 속에서는 이런 불평등조차 신의 섭리로 받아들여졌다.

16~18세기 상업혁명과 식민지 개척 시대에 들어서면서, 부의 기준이 무역과 상업적 성공으로 이동했다. 이 시기 상인과 금융업자는 스스로의 거래 능력과 모험을 통해 부를 축적할 수 있었고, 부의 이동성이 과거보다 커졌다. 하지만 식민지 수탈과 독점 무역이 부의 주요 원천이었던 만큼, 공정성은 여전히 제한적이었다. 국가와 상인 계급이 밀착해 특정 집단만 부를 키울 수 있는 구조였다. 결국 부는 개인적 재능과 노력으로 열릴 수 있는 길처럼 보였지만, 실제로는 제국주의적 착취와 제도적 특권 위에서만 가능했던 제한된 기회였다.

19세기 산업혁명은 성공의 기준을 생산성과 기술 혁신으로 바꿨다. 기업가와 발명가가 새로운 기계와 공장을 짓고 대량생산을 통해 부를 축적했다. 부는 개인의 창의력과 노동력에 의해 더 넓게 분배될 가능성이 열렸지만, 동시에 노동 착취와 도시 빈민 문제도 심화됐다. '공정한 부' 논의가 본격적으로 등장한 것도 이 시기다. 노동조합과 사회개혁가들은 부가 단지 소유자에게만 돌아가는 구조가 아니라, 생산 과정에 기여한 사람들에게도 돌아가야 한다고 주장했다. 이 시점에서 부는 더 이상 단순한 개인의 소유물이 아니라 사회 전체의 분배 구조와 직결된 문제로 여겨졌고, 복지·교육·노동권과 같은 새로운 사회적 권리의 필요성이 함께 제기되었다.

전쟁 이후 복지국가가 확립된 서구에서는 성공의 기준이 교육 수준과 전문직 경력으로 옮겨갔다. 누구나 학교와 대학을 통해 계층 상승의 기회를 얻을 수 있다는 믿음이 확산되었고, '공정한 부'는 동등한 출발선과 기회 보장이라는 의미로 해석됐다. 이 시기에도 사회 구조가 완전히 평등해진 것은 아니었다. 인종, 성별, 지역에 따른 차별이 여전히 성공과 부의 분배를 왜곡했다.

디지털 시대에 들어서면서 성공의 기준은 다시 크게 변했다. 네트워크와 플랫폼 지배력이 새로운 부의 핵심 요소가 됐다. 소수의 IT 기업과 창업자는 전 세계 수억 명의 사용자를 연결하는 서비스로 단기간에 막대한 부를 거머쥐었다. 이 과정에서 부의 창출 방식은 과거보다 더 빠르고 집중적으로 변했고, '공정성' 논의도 한층 복잡해졌다. 사용자 데이터, 알고리즘, 시장 독점 같은 요소가 부를 결정짓는 시대에는, 기존의 재산권·노동 가치 개념만으로는 공정성을 판단하기 어렵다.

이처럼 각 시대가 부를 정의하는 방식에 따라 공정한 부의 개념도 변했다. 고대에는 명예와 의무, 중세에는 신분과 혈통, 근대에는 상업적 모험, 산업혁명기에는 생산성과 노동, 20세기에는 교육과 전문성, 그리고 오늘날에는 네트워크와 데이터가 기준이 된다. 그 기준이 바뀔 때마다, 부를 나누는 '공정한 방식'에 대한 논의 역시 새롭게 쓰였다.

결국 '공정한 부'란 고정된 원칙이 아니라, 사회가 중요하게 여기는 성공의 기준을 어떻게 정의하느냐에 따라 달라지는 개념이다. 오늘날 우리가 던져야 할 질문은 단순하다.

"지금 이 시대가 성공이라 부르는 조건은, 누구에게나 열려 있는가?"

이 질문에 대한 대답이 바로, 우리가 말하는 '공정한 부'의 수준을 결정한다.

부의 세습과 자산 불평등의 윤리

서울 강남의 한 상속 세미나. 30대 초반의 젊은 여성은 마이크를 들고 이렇게 말했다.

"저는 사실 열심히 공부해서 변호사가 됐어요. 그런데 제 친구는 대학도 제대로 안 나왔는데 부모님이 건물 두 채를 물려주셨습니다. 그 친구는 매달 수천만 원씩 월세를 받으며 여행 다니고, 그림을 배우고 있어요. 저는 여전히 새벽까지 일하면서도 집 한 채 마련하기 힘든데, 이게 과연 공정한 걸까요?"

강당 안은 묘한 정적에 휩싸였다. 누군가는 그녀의 질문에 고개를 끄덕였고, 또 다른 누군가는 **"그것도 부모의 노력의 결실 아니냐"**고 중얼거렸다. 세습과 공정성에 대한 논쟁은 바로 이런 지점에서 사람들의 삶과 감정에 날카롭게 스며든다.

실리콘밸리의 한 스타트업 창업자는 인터뷰에서 이렇게 고백했다.

"솔직히 말하면, 제가 여기까지 온 데는 부모님의 배경이 컸습니다. 어린 시절부터 좋은 교육을 받았고, 창업 초기에도 아버지가 보증을 서 주셨죠. 그땐 그냥 '내가 열심히 해서 성공했다'고 믿고 싶었어요. 하지만 곧 깨달았습니다. 똑같이 열심히 일해도, 출발선이 달라지면 결과도 완전히 달라진다는 걸요."

그는 잠시 말을 멈추더니 덧붙였다.

"부모의 도움을 받았다는 사실이 부끄럽진 않아요. 다만, 그렇지 못한 사람들에게 기회조차 주어지지 않는 사회라면, 그건 분명 불공평하죠."

한국의 한 청년은 집을 사기 위해 10년 가까이 저축했지만, 여전히 모자란 돈 앞에서 좌절했다. 반면, 친구는 부모의 증여로 20대에 이미 아파트 두 채를 소유했다.

"저는 하루하루 일하면서도 불안합니다. 그 친구는 오히려 '어떤 집을 더 살까' 고민해요. 똑같이 살아가는데, 시작선이 이렇게 다른 게 맞는 걸까요?"

그의 목소리에는 쓸쓸함이 묻어 있었다.

사회학자들의 조사에서도 같은 패턴이 드러난다. 세습 자산이 강한 사회일수록 청년층의 좌절감과 상대적 박탈감이 크며, 이는 사회적 신뢰를 약화시키고 갈등을 키운다. 불평등은 단순한 숫자가 아니라, 누군가의 자존감과 삶의 선택지를 잠식하는 문제다.

흥미롭게도 부의 세습이 곧 행복으로 직결되지는 않는다. 한 상속 재벌 2세는 한 인터뷰에서 이렇게 털어놓았다.

"사람들이 저를 부러워하지만, 사실 제 삶에는 늘 그림자가 드리워져 있어요. 내가 가진 게 내 노력의 결과가 아니라는 걸 알기 때문에 불안합니다. 사람들이 저를 인정하는 게 아니라 제 부모의 이름을 인정하는 건 아닐까 두렵죠."

돈이 많아도, 오히려 '내가 누구인가'라는 정체성의 문제에 부딪히는 경우가 적지 않다. 물론 세습 자체를 옹호하는 사람들도 있다. 60대 사업가는 이렇게 말했다.

"저는 평생을 일하며 회사 하나를 키웠습니다. 그 과정에서 숱한 위험을 감수했고, 온 가족이 희생했어요. 그 결실을 자식에게 물려주지 못한다면, 그게 더 불공정 아닐까요?"

이 말 속에는 가족의 책임과 노력의 보상이라는 가치가 담겨 있다. 하지만 동시에, 또 다른 부모는 전혀 다른 결정을 내린다.

"저는 아이에게 재산을 많이 남기고 싶지 않습니다. 오히려 좋은 교

육을 받을 기회, 그리고 스스로 선택할 자유를 주는 게 더 중요하다고 생각해요. 재산이 발목을 잡으면 아이가 자기 길을 찾지 못할 수도 있 잖아요."

부의 세습은 단순한 경제 문제가 아니다. 그것은 우리가 어떤 사회를 정의롭다고 부를 수 있는가에 대한 질문이다.

- 부자 부모를 둔 아이가 기회의 문을 더 쉽게 통과하는 사회.
- 부모의 배경과 상관없이 노력으로 삶을 개척할 수 있는 사회.

이 두 가지 선택 사이에서 우리는 늘 갈등한다. 어떤 이는 가족의 부양 책임을 강조하며 **"재산을 자식에게 물려주는 건 당연하다"**고 말한다. 또 다른 이는 사회적 공정성을 우선시하며 **"세습 자본은 결국 불평등을 고착화시킨다"**고 주장한다. 어느 쪽도 단순히 옳거나 그르다고 말할 수 없다. 한 가지 분명한 사실은 세습 자본이 무제한적으로 확대될수록 사회적 이동성은 줄어들고, 불평등의 벽은 점점 더 높아진다는 점이다.

이 문제 앞에서 중요한 것은 거대한 이론이 아니라, 구체적인 선택이다. 부모로서, 우리는 아이에게 무엇을 남길 것인가? 돈과 집일까, 아니면 기회와 가치일까? 사회 구성원으로서, 우리는 어떤 제도를 지지할 것인가? 상속세를 줄여야 할까, 아니면 공공 투자에 힘을 실어야 할까?

부의 세습 문제는 **"나는 어떤 사회를 원하는가?"**라는 질문으로 귀결된다. 재산이 모든 걸 해결해주지 않는다는 사실, 그리고 진짜 중요한 것은 자유롭게 선택할 수 있는 삶, 스스로 의미를 만드는 기회라는 사실을 기억할 때, 우리는 비로소 이 복잡한 논쟁에서 방향을 잡을 수 있을 것이다.

 한눈에 보는
돈의 철학

- ✔ **"노력한 만큼 번다"** 는 구호는 시대마다 다른 의미를 가졌다.
- ✔ 서양은 끝없는 성취와 축적을, 동양은 절제와 조화를 중시했다.
  - ✔ 현대인은 두 가치관 사이에서 흔들리며 살아간다.
  - ✔ 결국 충분함은 사회가 아닌 내가 기준을 정해야 한다.
  - ✔ 부의 공정성은 시대마다 다른 기준으로 정의됐다.
  - ✔ 고대는 명예와 토지, 중세는 신분과 혈통이 기준이었다.
- ✔ 근대 이후와는 달리, 현재는 네트워크와 데이터가 기준이다.
  - ✔ 세습 자산은 기회의 격차를 키우고 불평등을 고착화한다.
  - ✔ 상속은 안정과 불안을 동시에 물려주는 양날의 검이다.
  - ✔ 결국 질문은 "나는 어떤 사회를 원하는가?"로 귀결된다.

| 6 |

우리는 가난을 얼마나 왜곡하는가?

가난은 개인의 실패인가, 사회의 구조인가?

우리는 일상에서 가난을 쉽게 '개인의 책임'으로 돌린다. **"열심히 하면 누구나 부자가 될 수 있다"**라는 말은 성공 스토리 속 주인공들의 서사와 함께 반복된다. 이 단순한 공식은 가난의 현실을 너무도 가볍게 축소시킨다. 실제로 경제학과 사회학 연구는 가난이 단순히 '노력 부족'의 결과가 아니라, 교육 기회, 출발선의 격차, 정책 환경, 사회 안전망의 부재 등 복합적인 구조적 요인에서 비롯된다는 것을 보여준다. 교육 자원은 지역에 따라 극명하게 차이가 나며, 부모의 소득 수준이 자녀의 학업 성취와 취업 기회에 직결되는 현상은 여러 국가에서 공통적으로 나타난다. 즉, 사회는 이미 불평등한 출발선을 설정한 채 '같이 달리자'고 말하고 있는 셈이다.

노동시장의 구조 역시 가난을 재생산하는 강력한 장치로 작동한다. 비정규직과 저임금 노동이 광범위하게 확산된 사회에서는 아무리 성실하게 일해도 기본 생활을 유지하기 어려운 경우가 많다. '워킹 푸어'라는 용어가 이를 잘 보여준다. 풀타임으로 일해도 빈곤에서 벗어나지 못하는 사람들은 개인의 근면성보다는 구조적 제약에 더 크게 영향을 받는다. 이때 **"열심히 안 해서 그렇다"**는 말은 현실을 왜곡하는 낙인일 뿐이다.

가난을 개인의 문제로만 규정하는 사회는 필연적으로 가난한 사람들을 '도움받을 자격이 없는 사람'으로 바라보게 만든다. 이는 복지 정책의 축소나 공공 지원의 제한으로 이어져 빈곤층이 구조적으로 고립되는 악순환을 만든다. 반면, 가난을 사회적 구조의 문제로 인식하는 사회는 복지 제도의 확대, 교육 기회의 균등화, 노동 환경 개선을 통해 빈곤을 줄이려 한다. 북유럽 복지국가 모델이 보여주는 낮은 빈곤율과 높은 사회 이동성은 이러한 구조적 접근의 힘을 증명한다.

더 나아가 철학적으로 가난의 원인을 바라볼 때 존 롤스(John Rawls)는 '정의로운 사회'란 출발선이 평등하게 보장되어야 하며, 사회·경제적 불평등은 가장 불리한 처지에 있는 사람들의 상황을 개선하는 방향에서만 정당화될 수 있다고 말했다.[1] 반대로 로버트 노직 (Robert Nozick) 같은 자유지상주의자는 재산 분배는 개인의 자율적 선택과 시장의 결과로 존중되어야 한다고 주장한다.[2] 하지만 현실에서는 이러한 '자유'가 사회 구조의 제약 안에서 작동하기 때문에, 단순히 시장의 결과를 '정당한' 것으로 받아들이기 어렵다.

가난이 개인의 책임인지, 사회의 구조적 산물인지를 묻는 질문은 단순한 경제 문제가 아니라 사회 정의와 윤리의 문제다. 가난을 개인의 나약함이나 게으름으로만 치부하는 순간, 우리는 사회의 불평등한 설계를 보지 못한다. 반대로 가난을 구조적 문제로만 규정하면, 개인의 선택과 노력의 의미가 완전히 사라질 위험도 있다. 중요한 것은 두 관점을 균형 있게 통합하는 일이다. 사회는 출발선의 형평성을 보장하고, 개인은 주어진 조건 속에서 최선을 다할 수 있는 동력을 가져야 한다. 그렇게 될 때, 가난은 단지 한 사람의 실패로 낙인찍히지 않고, 사회 전체가 함께 풀어야 할 과제로 자리 잡게 된다.

---

1. 출처 : John Rawls (1971). A Theory of Justice. Harvard Univ Press.)
2. 출처 : Robert Nozick (1974). Anarchy, State, and Utopia. Basic Books.)

가난에 대한 낙인은 어떻게 작동하는가?

가난에 대한 낙인은 단순히 경제적 어려움의 문제를 넘어 인간의 존엄과 사회적 관계를 깊이 훼손하는 힘을 가진다. 낙인은 사회가 특정 집단을 부정적으로 규정하고, 그 규정이 개인의 정체성과 자존감에까지 스며드는 과정을 통해 작동한다. 가난한 사람은 종종 '게으르다', '노력하지 않는다', '책임감이 없다'는 이미지로 묘사된다. 이런 이미지는 현실에서 실제로 관찰된 통계나 사실에 근거하기보다, 미디어와 정치 담론, 일상 대화 속에서 반복적으로 강화된다. 이때 문제는 가난이라는 경제적 상태가 '성격적 결함'이나 '도덕적 하자'로 여겨진다는 점이다.

미국의 사회학자 윌리엄 라이언은 이런 현상을 '희생자 비난(victim

blaming)'이라고 불렸다. 가난을 만든 사회적·경제적 구조의 문제는 간과한 채, 가난한 당사자의 태도나 선택을 문제의 원인으로 돌리는 것이다. 저임금 노동시장과 불안정한 고용 환경, 교육 기회의 불평등이 가난을 지속시키는 구조적 원인임에도, 사회는 '네가 열심히 하지 않아서 그렇다'는 식의 평가를 내린다. 이런 시각은 복지 제도에 대한 지지와 연대의 가능성을 약화시키고, 오히려 빈곤층을 더 고립되고 침묵하게 만든다.

낙인은 외부에서만 주어지는 것이 아니다. 가난한 당사자 스스로가 사회의 시선을 내면화할 때, 즉 '나는 실패자다'라는 자기 규정을 받아들일 때 낙인의 파괴력은 배가된다. 이는 심리적 무력감과 자기 효능감 저하로 이어지고, 장기적으로는 경제적 회복을 위한 행동 자체를 위축시킨다. 심리학에서는 이를 '학습된 무기력(learned helplessness)'이라 부른다. 구조적 제약이 지속되는 상황에서 아무리 노력해도 결과가 변하지 않는 경험을 반복하다 보면, 결국 시도조차 하지 않는 상태에 빠지게 되는 것이다.

가난에 대한 낙인은 정치와 경제 시스템에서도 도구적으로 사용된다. 복지 축소를 정당화하거나, 불평등 구조를 유지하려는 논리는 종종 '가난한 사람들은 복지에 의존하고 일하지 않으려 한다'는 편견에 기반한다. 이러한 담론은 복지 예산 삭감과 사회적 안전망 약화를 정당화하며, 결과적으로 가난을 더 고착화시키는 악순환을 만든다. 반면, 낙인을 줄이기 위해서는 가난을 개인의 도덕적 실패가 아닌 사회가 해결해야 할 구조적 문제로 인식하는 전환이 필요하다.

가난에 대한 낙인을 해체하는 것은 단순히 '차별을 줄이는' 차원의 문제가 아니라 사회적 연대와 민주주의의 회복과 직결된다. 사회 구성원이 서로를 동등한 시민으로 바라볼 수 있을 때, 가난을 해결하기 위한 정치적·경제적 의지가 비로소 생겨나기 때문이다.

루소의 통찰:
불평등은 언제 시작되었는가?

장 자크 루소는 **『인간 불평등 기원론』**에서 인류가 불평등에 빠져든 결정적 순간을 집요하게 파고들었다. 그는 원시 인류가 자연 상태에서 살아가던 시절에는 물질적 차이가 크지 않았으며, 인간관계 또한 비교적 평등했다고 본다. 그때의 인간은 단순한 필요를 충족하며 살았고, 누구보다 우월해지려는 욕망도 거의 없었다. 역사는 이 평온한 균형이 오래 지속되지 않음을 보여준다. 루소가 보기에 불평등의 씨앗은 인간이 '내 것'과 '네 것'을 구분하고, 이를 공식적으로 인정받기 시작한 순간에 뿌려졌다. 바로 사유재산의 탄생이 그 시점이었다. 그는 이 장면을 상징적으로 묘사한다.

"처음으로 땅에 울타리를 치고 '이 땅은 내 것'이라 말하며, 그것을 믿도록 사람들을 설득한 자가 인류 사회의 진정한 창시자다."

이 선언은 단순한 소유의 표시가 아니라, 인류 역사상 가장 큰 전환점이었다. 사유재산이 생기자 사람들은 더 많은 것을 차지하기 위해 경쟁하기 시작했고, 부를 축적한 사람과 그렇지 못한 사람 사이에는 간극이 벌어졌다. 권력은 부를 보호하고 부는 다시 권력을 강화시켰다. 그 결과, 사회는 점점 계층화되고, 인간관계는 신뢰 대신 이해관계로 얽히게 되었다. 루소는 이것이 단순히 경제적 불평등을 넘어 도덕적·정신적 불평등까지 낳았다고 지적한다. 부유한 자는 특권을 당연시하고 가난한 자는 종속과 굴종을 내면화하게 된 것이다. 이 과정에서 인간은 자유롭고 평등했던 본성을 잃어버리고, 타인의 시선과 인정에 의존하는 존재로 변해갔다.

루소의 통찰은 오늘날에도 날카롭게 적용된다. 현대 사회에서 불평등의 근원 역시 소유와 축적의 구조에 있다. 첨단 기술과 글로벌 자본이 새로운 형태의 '울타리'를 만들고, 그 경계 안팎에서 사람들의 삶은 극명하게 갈린다. 거대한 데이터와 플랫폼을 소유한 자는 영향력을 독점하고, 그렇지 못한 다수는 그 안에서 소비자이자 데이터 공급자로만 기능한다. 루소는 18세기에 이미 이런 질문을 던졌다.

"불평등은 언제 시작되었는가?"

이것은 사실상 **"우리는 어디서부터 잘못된 길을 걸어왔는가?"**라는 물음과 같다. 그는 과거의 기원을 파헤침으로써, 지금 우리가 직면한 불평등을 우연이나 운명이 아닌 '선택의 결과'로 보게 만든다.

이 깨달음은 중요한 함의를 가진다. 불평등이 특정 시점의 선택에서 비롯되었다면, 다른 선택을 통해 완화하거나 극복할 여지도 있다는 것이다. 루소는 과거로 되돌아갈 수 없다는 사실을 인정했지만, 최소한 불평등의 기원을 직시하고 그 이후의 제도와 관습이 어떻게 사회를 형성했는지를 이해해야 한다고 보았다. 불평등은 단지 물질의 문제가 아니라, 관계와 가치, 그리고 인간이 스스로를 어떻게 정의하느냐의 문제라는 그의 주장은 지금도 여전히 유효하다.

한눈에 보는 돈의 철학

- ✔ 가난은 개인의 게으름이 아닌 사회 구조의 제약에서 비롯된다.
  - ✔ 출발선의 불평등과 불안정 노동은 빈곤을 재생산한다.
- ✔ '네 탓'이라는 낙인은 복지를 축소하고 연대를 약화시킨다.
- ✔ 가난한 사람은 낙인을 내면화하며 무력감에 빠지기 쉽다.
  - ✔ 낙인은 정치적으로도 이용되어 불평등을 정당화한다.
    - ✔ 루소는 불평등의 시작을 '사유재산'에서 찾았다.
- ✔ 울타리를 친 순간, 소유와 경쟁이 사회를 갈라놓았다.
  - ✔ 부는 권력을 낳고, 권력은 다시 불평등을 강화했다.
    - ✔ 현대 사회의 데이터·자본 독점도 같은 울타리다.
- ✔ 불평등은 선택의 산물이므로, 다른 선택으로 완화할 수 있다.

【3부】

철학은 돈에 대해 어떻게 말해왔는가?

여는문

　돈은 인류 역사에서 오랫동안 삶의 필수 조건이자 논쟁의 대상이었다. 고대 철학자에서 현대 사상가에 이르기까지, 수많은 지성인들은 돈이 인간의 행복, 자유, 그리고 가치에 어떤 영향을 미치는지 물었다. 어떤 철학자들은 돈이 주는 안정과 가능성을 인정하면서도, 그 한계와 위험을 경고했다. 왜냐하면 돈은 삶을 편리하게 만들지만, 그것만으로 좋은 삶이 보장되지는 않기 때문이다.

　행복과 돈의 관계는 철학의 오랜 질문 중 하나다. 소득이 행복에 일정 부분 기여한다는 심리학적 연구 결과가 있지만, 아리스토텔레스는 이미 '좋은 삶'은 단순한 부의 축적이 아니라 덕과 공동체적 선을 실천하는 데서 나온다고 보았다. 반대로 쇼펜하우어는 인간의 욕망은 결코 끝이 없으며, 돈이 그 욕망을 채우는 수단이 될수록 오히려 불행이 커질 수 있다고 경고했다. 철학은 돈과 행복을 동일시하지 않는다. 오히려 돈은 행복의 도구일 뿐, 목적이 될 수 없음을 거듭 강조한다.

　철학자들은 또한 돈을 쫓은 삶이 잃을 수 있는 것들에 주목했다. 물질적 부를 얻는 과정에서 우리는 종종 관계를 소비하듯 다루고, 시간을 돈으로만 환산하며, 여유를 사치로 여긴다. 그러나 장자는 '무위(無爲)'의 사상에서, 억지로 채우려 하지 않고 자연스러운 흐름 속에서 만족을 찾는 삶을 제안했다. 이는 현대의 미니멀리즘과도 통하는 통찰이다.

마지막으로, 돈이 인간의 가치를 드러내는가라는 질문이 남는다. 현대 사회는 직업과 연봉, 재산 규모로 사람을 평가하는 경향이 강하다. 하지만 칸트는 인간의 존엄은 결코 가격으로 환산될 수 없으며, 사람을 수단이 아닌 목적으로 대우해야 한다고 주장했다. '소유'보다 '존재'를 중시하는 철학적 인간관은, 돈이 인간의 가치를 결정하는 최종 기준이 될 수 없음을 명확히 한다.

【3부】는 이러한 철학적 논의를 토대로 돈과 인간의 삶을 세 가지 측면에서 다시 묻는다. 7장은 '소득과 행복은 비례하는가'라는 질문을 통해 돈이 삶의 만족에 미치는 한계를 살피고, 8장은 돈이 자유를 넓히는 동시에 오히려 구속할 수 있다는 역설을 검토한다. 이어 9장은 돈이 인간관계와 시간, 삶의 질을 어떻게 바꾸는지를 분석한다. 이 흐름 속에서 독자는 돈이 단순한 수단을 넘어 인간 존재와 어떻게 얽히는지를 단계적으로 성찰하게 될 것이다.

7

행복은 돈으로 살 수 있을까?

소득과 행복은 비례하는가?

행복과 돈의 관계는 오랫동안 심리학과 경제학, 철학의 경계에서 논쟁의 중심에 서 있었다. **"돈이 많으면 행복하다"** 라는 직관은 너무나 당연해 보인다. 생활의 불편을 줄이고, 원하는 것을 살 수 있으며, 더 많은 선택권과 안전망을 갖게 되니 행복이 뒤따를 것처럼 느껴진다. 그러나 실제 연구 결과들은 이 단순한 상관관계에 강한 의문을 던진다. 여러 연구에 따르면 일정 수준까지는 소득이 생활 만족도에 뚜렷한 영향을 주지만, 그 이후부터는 효과가 급격히 줄어든다. 즉, 가난을 벗어나는 수준까지는 돈이 행복의 중요한 요인이지만, 그 지점을 넘어서면 관계, 건강, 자아 성취 같은 다른 요소들이 더 큰 비중을 차지하게 된다는 것이다.

이 결과는 단순히 **"돈은 어느 정도 이상이면 필요 없다"**라는 결론을 넘어선다. 사람들은 기본적인 생존과 안전이 보장될 때 심리적으로 안정되고, 미래에 대한 불안이 줄어든다. 그러나 일정 수준 이상이 되면 돈은 행복의 직접적인 원천이 아니라 부수적인 조건으로 전환된다. 부유층의 불행이 드물지 않은 이유도 같은 맥락이다. 오히려 돈이 많아질수록 기대치가 높아지고, 비교 대상이 바뀌며, 삶의 기준이 계속 상승하는 '쾌락적 쳇바퀴(hedonic treadmill)'가 작동한다. 이는 아무리 달려도 제자리에서 벗어나지 못하는 러닝머신과 같아서 만족은 오래 지속되지 않고 더 큰 목표와 소비 욕구가 뒤따른다.

행복과 소득의 관계는 '객관적 금액'보다 '상대적 위치'에 의해 크게 좌우된다. 행동경제학자들은 사람들이 자신이 속한 집단의 평균과 비교해 자신의 소득을 평가한다는 사실을 여러 실험으로 확인했다. 연소득이 5천만 원이라도 주변이 3천만 원 수준이면 만족감을 느낀다. 반대로 연 소득이 1억 원이어도 주변이 2억 원을 번다면 상대적 박탈감이 커진다. 즉, 행복은 절대적인 부의 수준보다 사회적 비교에서 더 크게 영향을 받는다. 이는 현대 사회에서 소셜미디어가 만들어내는 '행복 착시'를 설명하기도 한다.

심리학은 또한 돈과 행복의 상관관계가 '돈을 쓰는 방식'에 따라 크게 달라진다고 말한다. 하버드 대학교의 엘리자베스 던 교수 연구에 따르면, 자기 자신을 위해 쓰는 돈보다 다른 사람을 위해 쓰는 돈이 더 높은 행복감을 유발했다. 특히 경험에 돈을 쓰는 여행, 배움, 특별한 활동들은 물질적 소비보다 더 오래 긍정적인 감정을 남긴다. 물건은 시간이 지날수록 익숙해져 가치가 줄지만, 경험은 시간이 지나도 기억 속에서 재해석되고 의미가 깊어지는 경향이 있기 때문이다.

돈으로 행복을 살 수 있다는 말은 절반은 맞고 절반은 틀리다. 그리고 그것은 '조건부'로 이루어진다. 돈이 부족해 생존과 기본적인 욕구가 충족되지 않는다면 행복해지는 것은 거의 불가능하다. 그러나 그 임계점을 넘으면 돈은 행복을 만들어내는 직접적인 도구가 아니라, 관계·건강·자유·의미 같은 다른 가치를 실현하는 수단이 된다. 철학자 에픽테토스는 이렇게 말했다.

"부유함은 소유의 많음이 아니라 욕망의 적음에 있다."

소득이 행복과 함께 오르는 구간은 분명히 존재하지만, 그 이후의 삶의 질은 전혀 다른 요인에 의해 결정된다.

아리스토텔레스의 행복관: 좋은 삶이란 무엇인가?

아리스토텔레스는 『니코마코스 윤리학』에서 인간이 추구해야 할 최고의 목적을 '에우다이모니아(eudaimonia)'라고 정의했다. 흔히 '행복'이라고 번역되지만, 단순한 감정적 만족이나 순간적 쾌락을 의미하지 않는다. 그는 **"행복이란 인간 본성에 맞는 활동을 탁월하게 지속하는 상태이다."** 라고 말했다. 즉, 행복은 주어지는 것이 아니라 삶을 올바르게 살아낸 결과로 나타나는 것이다.

여기서 중요한 것은 '탁월함(arete)'과 '활동(energeia)'이라는 두 개념이다. 탁월함이란 도덕적 덕과 지적인 덕을 모두 포함하는 것으로, 단순히 규칙을 지키는 것을 넘어 자신의 능력과 품성을 최고 수준으로 발휘하는 것을 뜻한다. 활동은 그 덕을 현실에서 구체적으로 실천하는 과정이다.

아리스토텔레스는 인간이 행복해지려면 세 가지 조건이 필요하다고 보았다. **첫째, 올바른 덕을 갖춘 인격**이다. 이는 정직함, 절제, 용기 같은 덕목을 꾸준히 실천하며 형성된다. **둘째, 사회적 관계 속에서의 조화다.** 그는 인간을 '폴리스적 동물'이라고 불렀는데, 이는 공동체 안에서 관계를 맺고 역할을 수행할 때만 온전한 삶이 가능하다는 뜻이다. **셋째, 물질적 조건의 일정한 충족**이다. 그는 지나친 부를 추구하지 않으면서도, 기본적인 생활 안정은 덕을 실천하는 데 필수적이라고 보았다. 가난이 미덕 실천을 불가능하게 만들 수 있다는 현실을 직시했던 것이다.

흥미로운 점은 아리스토텔레스가 행복을 '활동'으로 규정하면서도 그것이 단순한 노동이나 생산성을 의미하지 않는다고 못 박았다는 점이다. 그는 육체적 피로를 주는 활동이 아니라 이성을 활용한 사유와 성찰, 그리고 의미 있는 행동이 행복의 핵심이라고 보았다. 이를 위해 필요한 덕목 중 하나가 '중용(中庸)'이다. 중용은 모든 덕목이 과하거나 모자라지 않게 조율된 상태를 말한다. 용기는 무모함과 비겁함 사이에 있고, 관대함은 사치와 인색함 사이에 있다. 이런 균형 잡힌 삶이야말로 좋은 삶의 기초다.

현대 사회에 적용해 보면, 아리스토텔레스의 행복관은 단순한 '성공'

개념과 거리를 둔다. 오늘날 우리는 종종 연봉, 재산, 직위 같은 외적 지표로 행복을 측정하지만, 그는 그러한 기준이 행복을 담보하지 않는다고 보았다. 오히려 자신의 가능성을 최대한 실현하면서도 타인과의 관계 속에서 덕을 나누는 삶이 진정한 행복이라고 했다. 예컨대 직장에서 높은 성과를 내더라도, 이기적 목적에만 치우쳐 공동체에 해를 끼친다면 그는 이를 행복한 삶으로 보지 않았을 것이다.

그는 행복이 '종착점'이 아니라 '과정'임을 강조했다. 어느 날 갑자기 완성되는 것이 아니라, 매일의 선택과 습관 속에서 서서히 구축되는 것이다. 좋은 삶을 살기 위해서는 오늘 하루의 행동 하나하나가 탁월함을 향하고 있는가를 점검해야 한다. 현대의 우리는 불안정한 경제와 경쟁 속에서 쉽게 방향을 잃지만, 그의 관점에서 보면 행복은 외부 상황이 아니라 내가 어떤 덕을 실천하며 살아가고 있는가에 달려 있다.

아리스토텔레스가 말하는 좋은 삶은, 부와 권력이라는 외적 조건을 절대시하지 않으면서도 그것들이 덕을 실현하는 데 기여할 수 있는 범위 내에서 활용하는 삶이다. 그는 덕을 잃지 않는 한, 변화하는 세상 속에서도 인간은 행복할 수 있다고 보았다. 이 사유는 오늘날 **"돈은 필요하지만, 돈이 전부는 아니다"**라는 오래된 진리를 철학적으로 가장 견고하게 뒷받침해준다.

쇼펜하우어의 경고:
욕망의 끝은 존재하지 않는다

쇼펜하우어는 인간의 욕망을 '갈증에 시달리는 목마른 자'에 비유했다. 물을 마시면 잠시 갈증이 사라지지만, 곧 다시 목이 마른다. 욕망도 마찬가지다. 하나를 채우면 다음 욕망이 고개를 들고, 또 다른 욕망이 모습을 드러낸다. 이 과정은 끝이 없으며 채워진 순간은 찰나에 불과하다. 이를 인간 존재의 근본 구조라고 보았다. 욕망이 끊임없이 우리를 앞으로 밀어내지만, 동시에 결코 만족에 도달하지 못하게 하는 무한 반복의 장치이기도 하다. 쇼펜하우어는 이렇게 말한다.

"인간의 삶은 시계추처럼 괴로움과 권태 사이를 끊임없이 오간다."

우리가 원하는 것을 얻지 못하면 결핍에서 오는 괴로움이 생기고, 원하는 것을 얻어도 곧 그것에 익숙해져 권태가 찾아온다. 그래서 또 다른 자극, 더 큰 만족을 찾아 헤매게 된다. 그는 이 끝없는 욕망의 순환을 인간의 불행의 근본 원인으로 지적했다. 현대 사회에서도 이 통찰은 여전히 유효하다. 스마트폰, 명품, 주식 투자, 여행, 맛집 탐방까지, 우리는 끊임없이 새로운 '목표'를 세우고 달성하려 한다. 하지만 목표를 이루는 순간 느끼는 성취감은 오래가지 않는다. 오히려 더 큰 목표, 더 자극적인 경험을 요구하게 된다.

쇼펜하우어는 이 무한욕망의 굴레에서 벗어나는 방법으로 '욕망의 절제'를 제시했다. 그는 욕망을 완전히 없애는 것은 불가능하다고 보았다. 대신, 욕망을 최소화하여 고통의 강도를 줄이고 마음의 평온을 확보하는 것이 현명한 삶이라고 했다. 이를 위해 그는 예술과 사유, 그리고 자연 속에서 보내는 시간을 강조했다. 예술은 순간적으로 욕망의 소용돌이에서 벗어나게 하고, 철학적 사유는 욕망의 허망함을 깨닫게 하며, 자연은 우리를 단순하고 본질적인 삶으로 이끈다.

이 경고는 '돈'에 대해서도 그대로 적용된다. 돈을 벌어도 만족은 오래가지 않는다. 더 많은 수입, 더 높은 자산, 더 안정적인 재정 상태를 원하게 되고, 그 끝에는 불안과 경쟁이 자리 잡는다. 돈이 필요 없다는 말이 아니라, 돈을 목적 그 자체로 삼는 순간 우리는 끝없는 욕망의 노예가 된다는 뜻이다. 쇼펜하우어는 오히려 **"욕망을 줄이는 것이 부를**

늘리는 것보다 더 큰 행복을 준다."라고 강조했다. 왜냐하면 욕망을 줄이면, 적은 것으로도 충분히 만족하며 살 수 있기 때문이다.

오늘날 이 경고를 실천하기 위해서는 소비 습관과 삶의 기준을 재정립해야 한다. 최신 유행, 사회적 비교, 과시적 소비가 아니라, 자신에게 진짜 가치를 주는 것에 집중해야 한다. 무엇을 소유하느냐보다 어떤 상태에서 살아가느냐가 더 중요한 법이다. 욕망의 끝이 없다는 사실을 인정하고, 그 순환에서 한 발짝 물러서는 순간, 돈과 행복의 관계에 대한 시야가 달라진다. 쇼펜하우어의 메시지는 분명하다.

"욕망의 끝을 찾으려 하지 말고, 욕망이 일으키는 파도를 잠재우라."

그 순간 비로소 우리는 가진 것으로 충분하다는 평온을 경험하게 된다.

한눈에 보는
돈의 철학

✔ 소득은 기본 욕구 충족까지만 행복을 확실히 높인다.

✔ 그 이후 행복은 돈보다 관계·건강·의미에 달려 있다.

✔ 비교와 기대 상승은 만족을 계속 밀어낸다.

✔ 행복은 절대 금액보다 상대적 위치에 크게 좌우된다.

✔ 돈은 물건보다 경험과 타인에게 쓸 때 더 큰 행복을 준다.

✔ 아리스토텔레스는 행복을 덕을 실천하는 삶의 결과로 봤다.

✔ 행복은 순간의 감정이 아니라 꾸준한 탁월함의 과정이다.

✔ 중용과 공동체적 조화가 좋은 삶의 핵심 조건이다.

✔ 쇼펜하우어는 끝없는 욕망이 인간 불행의 뿌리라 했다.

✔ 욕망을 줄이고 본질에 집중할 때 평온을 얻을 수 있다.

| 8 |

돈을 쫓는 삶은 무엇을 잃는가?

관계는 자산인가, 소비되는 대상인가?

우리는 흔히 인간관계를 '자산'이라고 부른다. 인맥이 넓으면 기회가 많아지고 도움을 줄 사람도 많아진다고 믿는다. 하지만 이 말 속에는 두 가지 상반된 시선이 숨어 있다. 하나는 관계를 장기적으로 투자하고 키워가는 '자산'으로 보는 시선이고, 다른 하나는 관계를 필요할 때만 꺼내 쓰는 '소모품'처럼 취급하는 시선이다.

현대 사회에서는 두 번째 시선이 점점 더 강해지고 있다. 소셜 미디어의 '친구'나 '팔로워' 숫자는 관계의 깊이가 아니라 크기를 보여주는 지표로 쓰인다. 그리고 그 숫자는 마치 계좌의 잔고처럼 사람의 '가치'를 평가하는 척도가 되기도 한다. 문제는 이런 방식의 관계가 깊어지기보다 얕아진다는 점이다. 사람을 도구로 보고 '언제든 나에게 도움이 될 사람인가'로 판단하기 시작하면, 그 관계는 거래에 가까워진다. 이때 상대는 '존재'가 아니라 '수단'이 된다.

철학자 마르틴 부버는 인간관계를 '나-너'와 '나-그것'의 관계로 나눴다. '나-너' 관계는 서로를 독립적인 인격체로 대하며, 존재 자체를 존중하는 관계다. 반면 '나-그것' 관계는 상대를 어떤 목적을 위해 사용하는 도구처럼 여기는 관계다. 현대 사회에서 관계가 '자산'으로만 정의되면, 우리는 쉽게 '나-그것' 관계로 기울어지게 된다. 비즈니스 네트워킹, 실용적 인맥관리, 심지어는 사교 모임조차도 이런 시선에서 자유롭지 못하다. 인간적인 호감으로 시작한 관계라도, 경제적 이해관계나 사회적 지위에 따라 '이 관계를 유지할 가치가 있는가'라는 계산이 개입하면 관계의 결은 달라진다.

고대 철학자 아리스토텔레스는 『니코마코스 윤리학』에서 우정을 세 가지로 구분했다. 첫째는 유익에 기초한 우정, 둘째는 즐거움에 기초한 우정, 그리고 마지막은 덕에 기초한 우정이다. 첫째와 둘째는 상황에 따라 쉽게 변한다. 필요나 즐거움이 사라지면 그 관계는 끝난다. 그러나 덕에 기초한 우정은 상대의 성품과 인격을 존중하며, 그 사람의 '있음' 자체에서 가치를 느끼는 관계다. 이 마지막 형태의 우정이야말로 자산이 아니라 '삶의 일부'다. 문제는 현대 자본주의가 첫째와 둘째 유형의 관계를 과도하게 부각시킨다는 점이다.

관계를 자산으로 볼 때의 장점도 분명히 있다. 신뢰를 기반으로 한 장기적인 네트워크는 실제로 삶을 안정시키고 다양한 기회를 제공할 수 있다. 하지만 그 관계를 유지하는 방식이 '수익률'을 따지는 경제적 사고로 변질되면, 그 순간부터 관계는 취약해진다. 상대가 더 이상 '이득'을 주지 않으면 그 관계는 버려지기 때문이다. 이는 마치 단기 수익만 보고 주식을 사고파는 투자자처럼 관계를 단기 거래로 전락시킨다.

중요한 것은 '관계는 자산인가, 소비되는 대상인가?'라는 질문에 대해 단순한 이분법이 아니라 관계의 성격을 구분해 인식하는 것이다. 상대를 도구가 아니라 목적으로 대하는 습관, 필요할 때만 연락하는 인맥 관리가 아닌 꾸준한 관심과 배려, 이해관계가 사라져도 남아 있는 인간적 유대. 이것이 관계를 단순한 자산이 아니라 삶의 질을 결정짓는 중요한 토대로 만들 수 있다.

현대의 네트워크 중심 사회에서 이 균형을 잃으면, 우리는 관계라는 이름으로 소비를 반복하는 셈이 된다.

시간과 여유는 왜 돈보다 귀한가?

우리가 살아가는 사회에서 돈은 가장 쉽게 눈에 보이고 계산 가능한 자산이지만, 시간과 여유는 눈에 보이지 않기에 종종 과소평가된다. 그러나 철학자와 경제학자, 심리학자 모두가 공통적으로 지적하는 사실은 인생에서 진정한 희소 자원은 돈이 아니라 시간이라는 점이다.

돈은 잃어도 다시 벌 수 있지만, 한 번 지나간 시간은 결코 되돌릴 수 없다. 오늘 하루를 100만원을 받고 팔았다고 해도, 그 하루 안에서 이루어질 수 있었던 인간관계의 순간, 경험, 성찰, 휴식은 결코 그 돈으로 다시 살 수 없다. 경제학에서 '기회비용'이라는 개념이 있듯, 우리는 돈을 벌기 위해 쓰는 시간 속에서 무언가를 포기하고 있다는 사실을 종종 잊는다.

시간이 중요한 이유는 그것이 곧 우리의 삶의 질과 직결되기 때문이다. 여유 없는 시간은 마치 숨이 막히는 방 안에 있는 것과 같아, 주변의 모든 것이 귀중해 보이지 않는다. 반면, 여유가 있는 시간은 같은 하루라도 완전히 다른 색채를 띤다. 퇴근 후 남은 한 시간이 빽빽한 업무 메일로 채워질 때와, 아무런 방해 없이 가족과 식탁을 마주할 때의 만족감은 전혀 다르다.

하버드 대학의 행복 연구에 따르면, '시간적 여유'를 많이 가진 사람일수록 삶의 만족도가 높으며, 돈을 더 많이 번 사람보다 주관적인 행복 점수가 높았다. 그 이유는 단순하다. 여유는 인간이 스스로 삶을 선택할 수 있는 자율성을 보장하기 때문이다.

철학적으로도 시간과 여유는 인간다운 삶의 근간이었다. 고대 그리스에서는 '여가(σχολή, 스콜레)'를 단순한 휴식이 아닌, 철학과 사유, 예술을 즐기는 적극적인 상태로 보았다. 여기서 '스쿨(school)'이라는 단어가 파생되었다는 사실은 상징적이다. 즉, 여유는 게으름이 아니라 인간이 자신의 내면을 가꾸고 성장시키는 가장 중요한 조건이었다. 아리스토텔레스 역시 『정치학』에서 **"인간은 단순히 생존하기 위해서가 아니라, 잘 살기 위해 산다."** 라고 말하며, 여유 없는 부의 축적은 '노예적 삶'으로 이어진다고 경고했다.

현대 사회에서 여유를 잃는 가장 큰 이유는 '시간의 상품화'다. 우리는 자신의 시간을 일정 단가로 계산하며, 더 많은 돈을 벌기 위해 그 단가를 높이고자 한다. 하지만 아이러니하게도, 단가를 높일수록 더 많은 시간을 일에 투자해야 하고, 결국 시간 자체가 돈의 하위 개념이 되어버린다. 이는 칼 마르크스가 말한 '소외'의 한 형태로 볼 수 있다. 인간은 노동을 통해 돈을 얻지만, 그 과정에서 자신이 쓸 수 있는 자유로운 시간을 잃고, 삶을 통제할 힘마저 약화된다.

심리학적 연구에 따르면 '시간 빈곤(time poverty)' 상태에 있는 사람들은 스트레스 수치가 높고, 창의성과 문제 해결 능력이 떨어진다. 반대로, 일정 수준의 경제적 안정이 보장된 상태에서 시간을 유연하게 쓸 수 있는 사람들은 더 많은 행복을 경험하고, 대인관계도 더 건강하게 유지한다. 이는 단순히 '시간이 많다'는 사실보다, 그 시간을 스스로 통제할 수 있는지가 핵심이라는 것을 보여준다.

시간과 여유를 돈보다 귀하게 여긴다는 것은 단순히 일찍 은퇴하거나 휴가를 길게 쓰자는 말이 아니다. 그것은 '돈을 위해 시간을 쓰는 삶'에서 '시간을 위해 돈을 쓰는 삶'으로 전환해야 한다는 철학적 제안이다. 더 많은 수입을 위해 여유를 포기하는 순간, 우리는 인생의 진짜 가치를 놓치게 된다. 돈은 도구일 뿐이며, 도구가 만들어주는 시간적 자유야말로 인생에서 가장 값진 자산이다.

장자의 '무위'와
현대적 미니멀리즘

장자(莊子)는 인생을 살아가는 데 있어 '무위(無爲)'를 중요한 삶의 태도로 제시했다. 여기서 무위란 아무것도 하지 않는 게 아니라, 인위적으로 억지로 만들지 않고 사물과 자신을 있는 그대로 두는 상태를 뜻한다. 장자는 자연의 흐름에 역행하지 않으며, 억지로 세상을 통제하려 하지 않는 태도를 삶의 지혜로 보았다. 이는 곧 욕망을 덜어내고, 본질적인 것에 집중하는 방식이다.

현대의 미니멀리즘이 지향하는것과도 놀라울 만큼 닮아 있다. 미니멀리즘이 단순히 물건을 줄이는 생활 습관을 의미하는 것이 아닌, 불필요한 욕망과 관계, 시간 낭비를 줄여 본질적인 가치에 집중하려는 삶의 철학이듯, 장자의 무위 역시 본질로 돌아가려는 방향성을 지닌다.

장자가 살던 시대는 끊임없는 전쟁과 정치적 혼란이 이어지던 시기였다. 그 속에서 그는 권력, 명예, 부를 쫓는 인간들의 모습을 비판하며, 세상과 적당히 거리를 두고 자유롭게 사는 법을 강조했다. 그는 **"사람들이 경쟁과 욕망에 얽매여 스스로를 속박한다."** 라고 보았다.

현대 사회에서도 비슷한 현상을 볼 수 있다. 우리는 더 많은 물건, 더 높은 연봉, 더 넓은 집을 가지기 위해 끊임없이 경쟁한다. 그 과정에서 시간과 에너지를 잃고, 자신이 진정 원하는 삶과 점점 멀어지는 경우가 많다. 장자의 무위는 이 흐름을 거슬러, '덜어냄'을 통해 자유를 얻으라는 메시지를 던진다.

무위는 단순히 외적인 물질만을 줄이는 것이 아니라, 마음의 복잡함을 줄이는 과정이기도 하다. 스마트폰 알림, 업무 과중, 끝없는 소비 유혹 속에서 살아가는 현대인은 늘 마음이 분주하다. 장자는 마음속에도 여백이 필요하다고 보았다. 무위의 삶은 목표를 아예 버리라는 것이 아니라, 목표가 나를 억압하는 순간 과감히 내려놓는 선택을 하라는 것이다. 커리어에서의 성취를 위해 무리하게 인간관계를 관리하거나, 과도한 업무를 받아들이는 것은 무위와 거리가 멀다. 지금 나의 삶에 꼭 필요한 것과 그렇지 않은 것을 분명히 구분하고, 불필요한 것을 덜어내는 것이 무위의 실천이다.

현대적 미니멀리즘도 같은 지점을 강조한다. 미니멀리스트들은 물질을 줄이는 것을 출발점으로 삼지만, 궁극적으로는 '무엇을 버릴 것인가'보다 '무엇을 남길 것인가'에 집중한다. 장자의 무위도 마찬가지다. 그는 세상의 기준이나 타인의 시선을 따라가며 나를 소모하지 말고, 나만의 내적 기준을 세워 삶을 꾸리라고 했다. 오늘날 우리가 미니멀리즘을 실천하면서 진정한 만족과 평온을 얻기 위해서는, 단순히 소유를 줄이는 것이 아니라 마음의 작동 방식을 바꾸는 것이 필요하다. 불필요한 경쟁과 비교에서 물러나고, 나를 억누르는 기대와 의무를 내려놓는 것이야말로 무위이자 미니멀리즘의 핵심이다.

장자의 무위와 현대 미니멀리즘은 같은 질문을 던진다.

"지금 당신이 쥐고 있는 것들은 정말로 당신의 삶을 풍요롭게 하고 있는가?"

이 질문에 대한 솔직한 답변이야말로, 덜어내는 용기와 비워내는 지혜를 실천하게 만드는 첫걸음이다.

한눈에 보는
돈의 철학

✔ 관계를 '자산'으로만 보면 상대는 도구가 된다.

✔ 마르틴 부버는 진정한 만남을 '나-너' 관계라 불렀다.

✔ 아리스토텔레스는 덕에 기초한 우정을 가장 깊다고 보았다.

✔ 거래적 관계는 쉽게 소모되지만 인간적 유대는 오래간다.

✔ 시간은 돈보다 희소하고, 한 번 지나면 되돌릴 수 없다.

✔ 여유는 자율성을 보장하며 삶의 만족도를 높인다.

✔ 고대 그리스의 '여가'는 성찰과 성장을 위한 적극적 상태였다.

✔ 시간을 돈의 하위 개념으로 만들면 삶은 소외된다.

✔ 장자의 '무위'는 억지와 욕망을 덜고 본질에 집중하는 삶이다.

✔ 현대 미니멀리즘도 덜어냄을 통해 자유와 평온을 지향한다.

| 9 |

돈은 인간의 가치를 드러내는가?

우리는 왜 직업과 연봉으로 사람을 판단하는가?

현대 사회에서 누군가를 처음 만났을 때 가장 흔히 건네는 질문 중 하나는 **"무슨 일을 하세요?"**다. 이 질문은 단순히 상대방의 생계 수단을 묻는 것 같지만, 사실은 그 사람의 사회적 지위, 경제적 수준, 그리고 심지어 인격까지 가늠하려는 암묵적인 평가의 시작점이 된다.

직업은 현대인의 '정체성 태그'와도 같아서, 그 사람이 어떤 가치관을 가졌는지, 어떤 능력을 갖췄는지, 사회에서 얼마나 인정받는지를 한 번에 보여주는 척도로 여겨진다. 여기에 연봉이라는 숫자가 더해지면, 그 사람의 '가치'는 마치 주식 시세표처럼 비교 가능한 데이터가 되어버린다. 우리는 이러한 판단 구조 속에서 자신을 증명하려고 더 좋은 직함, 더 높은 연봉을 추구하며 살아간다.

이러한 현상은 산업화와 자본주의 발전과 깊은 관련이 있다. 농경사회나 전근대 사회에서는 신분과 역할이 태어날 때 이미 정해져 있었고, 돈보다 가문, 명예, 공동체의 기여가 한 사람의 가치를 결정했다. 그러나 자본주의 사회에서는 경제적 성취가 곧 사회적 성공과 직결된다. '성공'이라는 단어의 정의 자체가 물질적 성취와 동일시되었고, 이는 직업과 연봉을 인생의 핵심 지표로 만드는 데 기여했다. 대도시를 중심으로 한 경쟁 구조 속에서, 사람들은 자신을 남보다 더 나은 위치에 두기 위해 비교 가능한 수치인 연봉,인센티브,보너스 같은것을 통해 우열을 가리려 한다.

이러한 판단 방식은 여러 부작용을 낳는다.

첫째, 사람의 가치를 경제적 생산성으로만 환원시키는 경향이 강화된다. 연봉이 높으면 유능하고 존경받을 만한 사람으로, 낮으면 노력하지 않거나 능력이 부족한 사람으로 인식되는 편견이 작동한다. 이는 경제적 기회가 불평등하게 분배되는 사회 구조를 무시한 채, 개인의 가치와 노력만으로 결과가 결정된다는 착각을 심어준다.

둘째, 직업과 연봉이 인간관계의 필터가 되면서, 경제적 수준이 비슷한 사람들끼리만 모이고 다른 집단과의 교류가 줄어든다. 사회적 네트워크가 단절되면 상호 이해와 연대는 약화되고, 계층 간 불신은 더욱 심화된다.

심리학적으로도 이러한 '직업·연봉 중심 평가'는 사회 비교 이론과 맞닿아 있다. 우리는 끊임없이 자신을 타인과 비교하며, 그 비교에서 우위에 있으면 자존감이 높아지고, 열위에 있으면 자신을 하찮게 느낀다. 문제는 이 비교의 기준이 매우 협소하다는 점이다. 직업과 연봉은 개인의 전체 삶 중 극히 일부를 나타낼 뿐인데, 우리는 그 수치 하나로 한 사람의 가치 전체를 단정해버린다. 이는 행복감에도 부정적인 영향을 미친다. 자신보다 더 많이 버는 사람과 비교하면 현재의 삶에 대한 만족도가 급격히 떨어지고, 이미 충분히 안정적인 생활을 하고 있음에도 불구하고 '아직 부족하다'는 결핍감에 시달리게 된다.

철학적으로 볼 때, 이러한 경향은 인간을 '목적'이 아닌 '수단'으로 바라보는 시각과 연결된다. 직업과 연봉이 높을수록 더 가치 있는 사람이라고 여기는 사고방식은, 그 사람이 가진 고유한 인격과 내면의 품질이 아니라, 사회·경제적 효용을 통해서만 의미를 부여한다. 이는 칸트가 경고했던 **"인간을 수단이 아닌 목적으로 대하라."**는 윤리 원칙과 정면으로 배치된다. 사람은 그 존재 자체로 존엄하며, 경제적 성취 여부와 관계없이 존중받아야 한다.

우리는 직업과 연봉으로 사람을 판단하는 습관이 얼마나 깊이 뿌리내렸는지를 자각해야 한다. 그것이 단순히 정보 수집이나 호기심이 아니라, 상대방을 특정한 틀에 가두고 평가하는 행위일 수 있다는 점을 인식하는 것이 중요하다. 사회적 평가는 한 개인이 선택한 직업의 종류나 연봉의 높이가 아니라, 그 사람이 어떤 태도로 살아가고, 어떤 가치를 실현하며, 주변 사람들에게 어떤 영향을 미치는지로 옮겨져야 한다. 그래야만 우리는 사람을 '얼마 버는지'가 아니라 '어떻게 사는지'로 바라볼 수 있다.

칸트의 인간 존엄:
돈은 목적이 될 수 없다

임마누엘 칸트(Immanuel Kant)는 철학사에서 인간 존엄의 가치를 가장 엄격하고 논리적으로 정립한 사상가 중 한 명이다. 그가 제시한 핵심 원칙은 간단하지만 깊이가 있다.

"인간은 그 자체로 목적이지, 결코 수단이 아니다."

이 말처럼 칸트에 따르면 우리는 어떤 경우에도 사람을 단순히 도구로 취급해서는 안 된다. 인간은 그 자체로 존엄하며, 이 존엄은 상황이나 조건, 소득 수준과 무관하게 절대적인 가치를 지닌다. 칸트가 활동하던 18세기에도 돈과 권력은 이미 사람을 평가하는 중요한 기준이었다. 그는 이러한 세속적 기준이 인간의 본질을 판단하는 척도가 될 수 없음을 강하게 주장했다. 돈은 교환가치를 지닌 수단일 뿐이며, 그것이 인간을 평가하는 '목적'이 되는 순간, 우리는 인간을 상품화하는 위험한 길로 들어선다고 보았다. 칸트의 도덕철학은 이를 방지하는 장치로 작동한다. 그는 자신의 저서 『도덕형이상학 기초』에서 '정언명령'의 한 형태를 제시했다.

"너 자신과 타인의 인격을 결코 단지 수단으로만 대하지 말고, 언제나 동시에 목적으로 대하라."

여기서 '단지 수단으로만'이라는 표현이 중요하다. 누군가를 고용하거나 거래하는 관계에서 일정 부분 상대를 수단으로 삼는 것은 불가피하지만 그것이 전부가 되어서는 안 된다. 우리는 상대방의 인격과 자율성을 존중하고, 그들의 가치가 돈이나 효율성으로 환산될 수 없는 차원에 존재함을 인정해야 한다. 이 원칙을 무시하는 순간, 우리는 사람을 가격표가 붙은 물건처럼 취급하게 된다.

현대 사회는 칸트가 경고했던 이 위험을 여실히 보여준다. 채용 과정에서 학력, 경력, 연봉 협상만이 부각되고, 인간의 성실함이나 도덕성, 공동체에 대한 기여는 부차적인 것으로 밀려나는 경우가 많다. 기업에서조차 사람을 '인적 자원(Human Resources)'이라는 용어로 부르며, 마치 자본과 동일한 하나의 투입요소로 취급한다. 이는 생산성과 이윤 극대화라는 목적 아래 사람을 수단화하는 전형적인 방식이다. 칸트의 기준으로 보면, 이러한 태도는 인간 존엄의 본질을 훼손하는 행위다.

칸트의 철학은 오늘날 우리가 흔히 마주하는 '돈이 모든 것을 해결한다'는 믿음을 근본적으로 부정한다. 그는 인간의 가치를 돈으로 환산하려는 시도를 윤리적으로 잘못된 것으로 간주했다. 선행을 돈으로 보상하는 것은 그 행위의 도덕적 가치를 훼손한다고 보았다. 만약 어떤 사람이 이웃을 돕는 이유가 단지 금전적 보상을 기대해서라면, 그 행위는 도덕적으로 순수하지 않다. 칸트에게 도덕은 의무와 존중에서 비롯되어야 하며, 돈은 결코 그 출발점이 될 수 없다. 우리는 어떻게 칸트의 가르침을 오늘날의 경제적 현실 속에서 구현할 수 있을까?

첫째, 사람을 평가할 때 돈이나 직위만이 아니라 그 사람의 성품, 신뢰, 공동체에의 기여를 함께 고려해야 한다.

둘째, 경제적 거래 관계 속에서도 상대방을 존중하는 태도를 잃지 않아야 한다. 소비자로서 우리는 제품을 만드는 사람들의 노동 조건과 환경을 고려하는 '윤리적 소비'를 실천할 수 있다.

셋째, 직장이나 조직에서는 구성원을 단순히 성과지표로만 판단하지 않고, 성장과 배움을 지원하는 방향으로 운영할 수 있다.

칸트가 강조한 것은 단순한 도덕 명령이 아닌, 인간 사회가 지속적으로 존엄을 지킬 수 있는 최소한의 조건이었다. 돈은 사회를 움직이는 강력한 동력이지만, 그것이 인간의 가치 위에 군림하게 만드는 순간,

사회는 필연적으로 인간을 소모품으로 전락시키게 된다. 칸트의 철학은 이런 흐름에 맞서, 우리로 하여금 다시금 질문하게 한다.

"나는 지금 누군가를 목적으로 대하고 있는가, 아니면 수단으로만 대하고 있는가?"

이 질문에 진지하게 답할 수 있을 때, 우리는 비로소 돈이 아닌 인간 존엄을 중심에 둔 사회를 향해 나아갈 수 있을 것이다.

철학적 인간관:
'소유'보다 '존재'가 중요한 이유

인간이 무엇으로 평가받아야 하는가에 대한 질문은 고대부터 현대까지 철학의 중심에 서 있었다. 자본주의 사회에서 사람의 가치는 종종 '얼마를 가지고 있는가'로 환산된다. 집의 크기, 자동차의 가격, 계좌 잔고가 한 사람의 '성공'을 설명하는 언어로 쓰인다. 그러나 이러한 척도는 인간을 단순히 소유물의 총합으로 축소시킨다.

철학자들은 오래전부터 이런 관점을 비판하며, 인간의 본질은 '소유'가 아니라 '존재'에 있다고 강조해왔다. '소유' 중심의 삶은 끊임없는 비교와 경쟁을 낳는다. 오늘의 만족은 내일의 결핍으로 바뀌고, 더 많은 것을 가지려는 욕망은 결코 멈추지 않는다. 에리히 프롬은 『소유냐 존재냐』에서, "**현대인의 비극은 '가지려는 욕망'이 '존재하려는 욕망'을 압도한다는 데 있다.**"라고 지적했다. 그는 소유를 중심에 둔 삶은 불안과 불만족을 내재하며, 존재 중심의 삶만이 진정한 자유를 준다고 말한다. '존재'란 물질적 소유를 떠나, 자신의 내적 가능성과 가치, 인간적 관계, 삶의 경험을 온전히 살아내는 태도를 뜻한다.

고대 철학자 스토아학파 역시 비슷한 입장을 취했다. 그들에게 중요한 것은 외부의 소유물이 아니라, 덕과 지혜였다. 마르쿠스 아우렐리우스는 이렇게 말했다.

"*당신을 가치 있게 만드는 것은 가진 것이 아니라, 어떤 사람인가다.*"

이는 물질의 많고 적음이 아니라, 삶을 대하는 태도와 품성이 인간의 진정한 가치를 결정한다는 뜻이다. 소크라테스도 같은 생각을 가졌다. 그는 재산이 덕을 만들어주는 것이 아니라, 덕이 재산을 올바르게 쓸 수 있게 만든다고 말했다. 즉, 소유는 수단일 뿐 목적이 될 수 없으며, 목적은 결국 '어떤 존재로 살아갈 것인가'라는 질문에 답하는 것이다.

'소유' 중심의 사고가 위험한 이유는, 그것이 인간을 도구화하기 때문이다. 사람을 평가할 때 재산, 학벌, 직업 같은 외적 기준에만 의존하면, 그 사람의 내면과 고유성을 놓치게 된다. 이는 인간을 단순히 사회적 거래의 대상으로 전락시킨다. 반면 '존재' 중심의 사고는 사람을 독립적이고 존엄한 주체로 바라본다. 이는 타인과의 관계를 소비가 아닌 상호성, 이용이 아닌 존중 위에 세운다. 이런 태도는 돈과 권력을 넘어서는 가치, 즉 인간다움의 핵심을 지킨다.

실제로 삶의 후반부에 접어든 사람들의 회고를 들어보면, 그들이 가장 소중히 여기는 것은 소유물이 아니라 경험과 관계다. 함께한 시간, 나눈 대화, 지켜낸 신념, 배움과 성장의 순간들이 그들의 삶을 채운다. 물질적 부는 사라질 수 있지만, 존재로서의 가치와 품격은 남는다. 결국 인간의 평가는 '무엇을 가졌는가'가 아니라 '어떻게 살았는가'로 귀결된다. 이 질문 앞에서, 소유 중심의 삶은 공허함을 드러내고, 존재 중심의 삶은 깊이를 더한다. 철학은 우리에게 묻는다. **"당신은 얼마나 많이 가졌는가?"** 가 아니라 **"당신은 어떤 사람인가?"** 라고. 그리고 그 답을 찾는 과정이야말로, 진정한 인간다운 삶의 시작이다.

한눈에 보는
돈의 철학

- ✔ 사람들은 직업과 연봉으로 타인의 가치를 평가한다.
- ✔ 이런 습관은 자본주의 경쟁 구조 속에서 강화되었다.
- ✔ 직업·연봉 중심 평가는 인간을 경제적 수단으로 환원한다.
- ✔ 사회적 비교는 만족을 줄이고 박탈감을 키운다.
- ✔ 칸트는 인간은 결코 수단이 아닌 목적이라 강조했다.
- ✔ 돈은 교환 수단일 뿐 인간 존엄의 기준이 될 수 없다.
- ✔ 사람을 가격표로 환산하는 사회는 인간성을 훼손한다.
- ✔ 프롬은 '소유 중심' 삶이 불안을 낳는다고 경고했다.
- ✔ 스토아학파와 소크라테스는 덕과 품성을 삶의 기준으로 삼았다.
- ✔ 인간은 '무엇을 가졌는가'보다 '어떻게 살았는가'로 평가된다.

【4부】
우리는 어떤 부를 선택할 것인가?

여는문

부는 단순히 많은 돈이나 자산을 뜻하지 않는다. 그것은 우리가 어떤 가치를 중심에 두고 살아가느냐에 따라 전혀 다른 의미를 갖는다. 같은 부를 가지고도 어떤 이는 불안과 집착 속에서 살고, 어떤 이는 평온과 만족을 누린다. 결국 중요한 것은 '얼마나 가졌는가'가 아니라 '어떤 부를 선택했는가'다.

우리는 부를 소유의 크기로만 측정하는 사회에서 살고 있다. 그러나 에리히 프롬이 던진 **"소유냐 존재냐"**라는 질문은 부의 본질을 다시 묻는다. 물질적 풍요와 함께 마음의 풍요를 어떻게 실현할 것인가, 소로우나 톨스토이처럼 적은 소유 속에서도 충만하게 사는 삶이 가능한가를 고민하게 한다. 진정한 부는 숫자로 환산되는 재산의 합이 아니라, 존재의 깊이와 삶의 질에서 비롯될 수 있다.

부의 방향은 또한 우리가 무엇을 남기고 싶은지와도 연결된다. 돈을 남기는 것보다 더 오래 남는 무형의 유산들인 가치관, 관계, 기억은 세대를 넘어 영향을 미친다. 죽음을 앞둔 사람들이 말하는 부의 진실은, 결국 시간과 사랑, 자유, 그리고 자신답게 살아온 날들의 총합이야말로 가장 귀한 자산이라는 사실을 일깨운다.

철학은 우리에게 부의 윤리적 기준을 제시한다. 부를 얻는 과정과 쓰는 방식에서 떳떳함을 지키는 '윤리적인 부자'의 길, 그리고 부를 나누어 사회와 다음 세대를 위한 기반을 만드는 실천은 부의 의미를 한층 확장시킨다. 마지막에 남는 질문은 단순하다. **"나는 어떤 부자가 될 것인가?"** 이 질문에 스스로 만족스러운 대답을 할 수 있을 때, 우리는 비로소 자신이 선택한 부의 방향이 옳았음을 확인할 수 있다.

【4부】는 부의 개념을 재정의하고, 그것을 실천으로 옮기는 구체적인 길을 탐구한다. 소유를 넘어 존재로, 집착을 넘어 나눔으로 나아가는 선택이 어떻게 가능한지를 살펴보며, 독자가 자신만의 부의 정의를 세울 수 있도록 돕는다.

| 10 |

무엇이 진짜 부자인가?

프롬의 질문: 소유냐 존재냐

　독일의 사회심리학자 에리히 프롬은 『소유냐 존재냐』에서 인간이 살아가는 방식을 두 가지로 구분했다. 하나는 '소유(having)'의 방식이고, 다른 하나는 '존재(being)'의 방식이다. 그는 현대 사회가 점점 더 소유 중심으로 기울어가고 있다고 진단하며, 이 흐름이 인간의 내면을 빈곤하게 만든다고 경고했다. 여기서 소유란 단순히 재산이나 물건을 보유하는 차원을 넘어선다. 지식, 명예, 인간관계, 심지어 사랑까지도 '내 것'으로 소유하고 통제하려는 태도를 뜻한다. 반대로 존재의 방식은 삶을 소유의 크기로 재단하지 않고, 살아가는 순간 자체에서 의미와 가치를 발견하는 태도다. 존재하는 사람은 지금 이 순간을 느끼고, 자신과 타인, 그리고 세계와 관계 맺는 행위 그 자체를 목적으로 삼는다.

문제는 소유의 방식이 강해질수록 삶의 불안도 커진다는 점이다. 더 많은 것을 가지면 안심할 수 있으리라 믿지만, 실상은 그 반대다. 소유가 늘어날수록 '잃을 수 있다는 두려움'이 따라붙는다. 재산을 잃을까 하는 걱정, 지위를 빼앗길까 하는 불안, 관계가 끊길까 하는 공포가 마음을 잠식한다. 소유 중심의 삶은 끊임없는 경쟁과 비교, 방어에 시달리게 되고 이런 삶에서는 만족이 오래가지 않는다. 더 좋은 것을 가져야 하고, 더 많은 것을 소유해야 하며, 남보다 앞서야 한다는 압박이 멈추지 않는다.

반대로 존재의 삶은 지금 여기의 '살아 있음'에 가치를 둔다. 가진 것이 많든 적든, 사회적 위치가 높든 낮든, 현재의 자신과 삶에 집중하며 그 순간을 충만하게 경험한다. 프롬은 두 방식이 반드시 양자택일의 관계라고 보지 않았다. 일정한 수준의 소유는 생존과 안전을 위해 필수적이다. 그러나 그 소유가 목적이 되어 존재의 의미를 가리는 순간, 삶의 균형은 깨지고 방향은 왜곡된다.

'좋은 집'을 갖는 것은 누구나 품을 수 있는 자연스러운 바람이다. 하지만 그 집이 단지 타인보다 우월해 보이기 위한 수단이 되는 순간, 집은 안락한 공간이 아니라 끊임없는 비교와 경쟁의 도구로 전락한다. 같은 집에 살아도 어떤 사람은 안정과 휴식을 누리고, 다른 사람은 더 큰 집을 가진 이웃을 보며 불만에 빠진다. 차이는 집의 크기가 아니라 삶의 초점이 어디에 있느냐에서 비롯된다.

이 질문은 부를 바라보는 우리의 시선에도 그대로 적용된다. '얼마나 많이 가졌는가'로만 부를 정의하면, 삶은 끝없는 축적 게임이 된다. 그러나 부가 '나와 타인의 삶에 어떤 변화를 만드는가', '내가 어떤 사람으로 살아가도록 돕는가'를 묻는다면, 부는 존재를 확장하는 도구가 된다. 프롬이 던진 핵심 질문은 바로 이것이다.

"**나는 더 많이 가지기 위해 사는가, 아니면 더 깊이 존재하기 위해 사는가?**"

이 질문에 대한 답은 단순히 철학적 사유를 넘어, 일상의 선택과 태도에 깊숙이 스며든다. 소유 중심의 사회에서 존재의 가치를 지키는 일은 쉽지 않다. 광고와 미디어는 끊임없이 '갖는 것'이 곧 성공이라고 속삭이고, SNS는 비교와 소비를 부추긴다. 그러나 진정한 부자는 소유의 크기를 절대적인 기준으로 삼지 않는다. 그는 필요한 만큼을 소유하되, 그 이상의 가치는 '어떤 사람으로 살아갈 것인가'에서 찾는다. 존재의 삶을 선택한 부자는 부의 기준을 자산의 규모가 아니라 삶의 질에서 측정한다. 사랑하는 사람과 함께하는 저녁 식사, 새로운 배움과 성찰의 시간, 타인의 삶에 기여할 수 있는 기회들. 이런 것들은 숫자로 환산할 수 없는 부의 형태다.

우리가 진짜 부자가 되기 위해 던져야 할 첫 번째 질문은 프롬의 질문과 같다. **"나는 무엇을 가지고 살고 있는가?"** 가 아니라 **"나는 어떤 존재로 살아가고 있는가?"** 라는 질문이다. 이 질문이 부의 정의를 바꾸고,

그 정의가 우리의 선택을 바꾼다. 소유의 양이 아니라 존재의 깊이가 부를 결정하는 기준이 될 때, 우리는 비로소 불안에서 벗어나 진정한 풍요에 가까워질 수 있다.

마음의 풍요는 어떻게 가능한가?

마음의 풍요는 물질적 부와는 다른 차원의 개념이다. 통장 잔고나 부동산 자산으로는 측정할 수 없고, 오히려 적은 소유 속에서도 더 크게 느낄 수 있는 것이 마음의 풍요다. 돈이 많아도 공허한 사람이 있는가 하면, 가진 것이 적어도 만족과 기쁨으로 하루를 채우는 사람이 있다. 그렇다면 마음의 풍요를 만드는 요소는 무엇일까?

첫째, '결핍이 아닌 충족을 바라보는 시선'이다. 사람은 자신의 결핍에만 초점을 맞출수록 부족감에 시달린다. 반대로 이미 가진 것과 누리고 있는 것에 주의를 기울이면, 그 속에서 감사와 만족이 피어난다. 심리학자들은 이를 '감사 지향적 사고'라 부른다. 매일 아침, 어제보다 나은 점이나 감사할 일을 적는 습관만으로도 행복감이 상승한다는 연구 결과는 이를 뒷받침한다. 작은 기록 하나가 마음의 관점을 전환시켜, 불안 대신 평온을 키워주는 힘이 된다.

둘째, 마음의 풍요는 '관계의 질'에서 비롯된다. 단순히 많은 사람을 아는 것이 아니라, 진심으로 연결된 몇 명의 사람과 깊이 있는 관계를 맺는 것이 중요하다. 물질적 부는 한순간에 잃을 수 있지만, 서로를 지지하고 신뢰하는 관계는 위기 속에서 삶을 지탱하는 버팀목이 된다. 심리학 연구에 따르면, 장수하는 사람들의 공통점 중 하나는 '정서적으로 지지해 주는 가까운 사람의 존재'였다. 마음의 풍요를 만드는 관계는 거래나 조건이 아니라, 서로의 존재 자체를 가치 있게 여기는 관계다. 결국 관계의 질은 숫자가 아닌 깊이에서 판가름 나며, 그것이 삶의 안정감을 좌우한다.

셋째, 마음의 풍요는 '의미 있는 활동'에서 나온다. 단순히 시간을 때우는 일이 아니라, 몰입과 성취를 경험할 수 있는 활동이 삶의 질을 끌어올린다. 이때 의미 있는 활동은 반드시 돈을 벌어야 하는 일일 필요가 없다. 글을 쓰거나, 정원을 가꾸거나, 악기를 연주하거나, 누군가를 돕는 봉사활동처럼 '나를 살아있게 만드는 활동'이면 충분하다. 이런 활동은 내적 보람을 주고, 자존감을 높이며, 삶이 단순히 생존이 아닌 창조와 기여의 과정임을 느끼게 한다. 하루의 일부라도 이런 시간을 가질 때 우리는 자신을 새롭게 발견한다.

넷째, 마음의 풍요는 '시간을 누릴 줄 아는 능력'과 밀접하다. 돈이 많아도 하루를 온전히 자신의 시간으로 쓰지 못하면, 삶은 늘 조급하고 메마르다. 반대로 시간의 주도권을 가지고, 자신이 원하는 방식으로 하루를 설계할 수 있는 사람은 비교적 적은 소득에도 삶의 만족도가 높다. '시간이 곧 부'라는 말은 단순한 수사가 아니라, 마음의 풍요를 측정하는 중요한 기준이다. 현대 사회는 시간을 돈으로 바꾸는 방식에 익숙하지만, 진정한 부자는 돈을 써서 시간을 사는 법을 안다. 결국 시간을 어떻게 쓰느냐가 곧 부의 깊이를 결정한다.

다섯째, 마음의 풍요는 '내면의 안정'에서 출발한다. 외부 환경이 흔들려도 자신만의 중심을 유지하는 힘, 즉 내적 평정은 물질로는 살 수 없는 가치다. 명상, 기도, 성찰, 호흡 훈련 등은 마음의 속도를 늦추고 불필요한 잡음을 걸러내는 도구가 된다. 내면이 고요할수록 외부의 유혹이나 비교에서 자유로워지고, 지금 가진 것의 소중함을 더 깊이 느낄 수 있다. 이는 혼란한 시대일수록 더 절실히 요구되는 내적 자산이다.

마지막으로, 마음의 풍요는 '충분하다는 느낌'에서 완성된다. 현대 사회의 가장 큰 결핍은 부족함이 아니라 '충분함을 느끼지 못하는 것'이다. 끝없는 더 많이, 더 크게, 더 빨리의 경쟁 속에서 사람들은 늘 스스로를 부족하다고 여긴다. 그러나 마음의 풍요를 아는 사람은 자신의 삶에서 이미 충분한 것들을 발견한다. 그들은 더 큰 집, 더 좋은 차, 더 높은 지위가 있어야 행복하다고 믿지 않는다. 대신, 지금 이 순간 함께 있는 사람, 건강한 몸, 스스로 선택할 수 있는 자유, 그리고 하루를 의미 있게 채울 수 있는 기회를 '부'로 여긴다. 바로 이 만족이 삶을 지속적으로 지탱하는 힘이 된다.

마음의 풍요는 단번에 얻어지지 않는다. 이는 습관과 태도의 총합이며, 매일의 선택이 쌓여 만들어지는 내면의 자산이다. 소유의 양은 줄어들 수 있지만, 마음의 풍요는 나눌수록 오히려 늘어난다. 그리고 그 풍요는 돈의 기복과 상관없이 평생 지속될 수 있는 가장 안전한 부다. 결국 우리가 진짜 추구해야 할 부는 외부의 은행 계좌가 아니라, 내 마음속에 쌓이는 이 무형의 자산일지도 모른다. 이 자산은 누구도 빼앗을 수 없는, 가장 근본적이고 흔들림 없는 부다.

돈 없이 풍요롭게 산 사람들

우리가 흔히 '부'라고 부르는 것은 돈과 자산을 중심으로 정의된다. 그러나 역사 속에는 재산을 축적하기보다 최소한의 소유로도 깊이 있는 삶을 누린 사람들이 있었다. 이들은 물질적 풍요를 거부했지만, 오히려 마음의 풍요와 삶의 충만함을 누렸다. 헨리 데이비드 소로우와 레프 톨스토이가 그 대표적인 예다.

소로우는 1845년 미국 매사추세츠 주의 월든 호숫가에 작은 오두막을 짓고 2년 2개월 동안 자급자족하는 생활을 했다. 그는 단순히 도시를 떠난 것이 아니라 사회가 강요하는 경쟁과 소비의 흐름에서 벗어나 '존재의 삶'을 실험했다. 소로우는 하루를 나무를 베고, 밭을 가꾸고, 책을 읽으며 보냈다. 그가 쓴 『월든』은 이렇게 말한다. **"나는 내 삶**

을 단순하게 만들고 싶었다. 불필요한 것들을 잘라내고, 삶의 본질만을 남기고 싶었다."** 그의 실험은 물질적 소유를 줄이면 오히려 시간과 자유가 늘어나고, 자연과의 교감 속에서 마음의 풍요를 키울 수 있다는 것을 보여준다. 그는 돈이 없어도 할 수 있는 가장 큰 사치가 '생각할 자유와 자신만의 시간'이라는 사실을 몸소 증명했다.

톨스토이는 러시아 문학의 거장이었지만, 말년에는 귀족으로서의 부와 명예를 내려놓았다. 그는 부유한 대저택과 재산을 버리고 농민들과 함께 살며 노동과 검소한 생활을 택했다. 당시 톨스토이는 수많은 저작권 수입을 기부했고 사유 재산에 집착하지 않았다. 그는 『인생론』에서 **"인간은 필요 이상을 소유할 때 그 소유가 오히려 그를 지배하게 된다."** 라고 썼다. 그에게 부는 소유가 아니라 다른 사람과 나눌 수 있는 여유와 능력이었다. 톨스토이는 물질적 풍요보다 도덕적·정신적 풍요를 더 가치 있게 여겼으며, 삶의 마지막 순간까지 그 철학을 실천했다.

이 두 사람의 공통점은 '부'를 정의하는 기준을 남들과 다르게 세웠다는 것이다. 대다수의 사람들은 더 많은 물건과 돈을 가지는 것을 부로 보지만, 이들은 그것을 '삶의 자유'와 '내면의 충만함'으로 바꾸어 보았다. 소로우에게는 도시의 번잡함과 소비의 압박에서 벗어난 시간이 부였고, 톨스토이에게는 인간답게 살아가는 도덕적 평온이 부였다.

물론 이들의 삶이 모든 사람에게 그대로 적용될 수 있는 것은 아니다. 누구나 호숫가에 오두막을 지을 수 있는 것도 아니고, 갑자기 재산을 버리고 농촌으로 들어갈 수도 없다. 하지만 중요한 것은 그들의 선택이 보여준 '부의 본질'이다. 그것은 단순히 많이 가지는 것이 아닌, 내가 무엇을 위해 살고 있는가를 명확히 하고, 그 목적에 맞게 소유를 조율하는 것이다.

현대에도 이와 유사한 실험을 하는 사람들이 있다. 미니멀리스트로 불리는 이들은 불필요한 물건을 줄이고, 필요한 것만 소유하며, 소비보다 경험에 가치를 둔다. 디지털 노마드로 살아가는 이들은 고정된 집이나 많은 물건을 두지 않고, 자유로운 이동과 시간을 부로 여긴다. 이들의 공통점은 소유를 줄이는 만큼, 시간·관계·자유 같은 무형의 자산을 늘린다는 점이다.

소로우와 톨스토이의 삶은 오늘날 우리에게 중요한 질문을 던진다.

"나는 지금 무엇을 위해 소유하고 있는가? 그 소유가 내 삶을 자유롭게 하는가, 아니면 얽매이게 하는가?"

돈 없이도 풍요로울 수 있다는 그들의 증언은, 부를 단순히 물질적 기준으로만 보아온 우리의 시선을 바꾸게 한다. 마음의 평온, 관계의 깊이, 의미 있는 하루를 보낼 자유. 이런 것들이야말로 가장 안전하고 오래 지속되는 부라는 사실을, 그들의 삶이 말해주고 있다.

한눈에 보는
돈의 철학

- ✔ 프롬은 삶을 '소유'와 '존재' 두 방식으로 구분했다.
- ✔ 소유 중심의 삶은 끝없는 불안과 경쟁을 낳는다.
- ✔ 존재의 삶은 순간과 관계 속에서 충만함을 찾는다.
- ✔ 부는 양이 아니라 '어떤 사람으로 사는가'에 달려 있다.
- ✔ 마음의 풍요는 감사와 충족의 시선에서 비롯된다.
- ✔ 깊은 관계와 의미 있는 활동이 내면을 풍요롭게 한다.
- ✔ 시간을 스스로 누릴 수 있을 때 삶의 질이 높아진다.
- ✔ 내적 평정은 비교와 욕망을 줄이고 자유를 준다.
- ✔ 소로우와 톨스토이는 최소한의 소유로 풍요를 실천했다.
- ✔ 결국 진정한 부는 소유가 아니라 자유·관계·평온에 있다.

| 11 |

우리는 무엇을 남기고 싶은가?

돈이 아닌 유산이란 무엇인가?

우리는 흔히 '유산'이라고 하면 재산 상속을 먼저 떠올린다. 집, 땅, 예금, 주식처럼 눈에 보이고 평가가 가능한 자산들이다. 유산은 반드시 물질적인 것일 필요는 없다. 돈보다 오래 남고 시간이 지나도 가치가 변하지 않는 무형의 유산이 있다. 그것은 지혜, 가치관, 관계, 그리고 살아온 방식에서 비롯된다. 세월이 흘러도 사라지지 않는 이런 유산은, 남겨진 사람들의 삶에 깊은 영향을 미친다.

돈은 세대를 건너며 줄어들거나 사라질 수 있다. 관리하지 않으면 소멸하고, 잘못 사용되면 오히려 갈등의 씨앗이 되기도 한다. 하지만 무형의 유산은 소멸하지 않는다. 시간이 지날수록 그 의미와 가치는 더 깊어진다. 한 부모가 자녀에게 남긴 정직함, 성실함, 배려심 같은 가치관은 숫자로 환산할 수 없지만, 자녀의 의사결정과 인간관계에 평생 영향을 준다. 이는 물질이 줄 수 없는 강력한 자산이다.

역사 속에서 돈이 아닌 유산을 남긴 인물은 많다. 마하트마 간디가 인도에 남긴 것은 부가 아니라 비폭력과 진리 추구라는 사상이었다. 그는 이를 '사티아그라하'라는 철학으로 체계화했고, 그 정신은 세대를 거쳐 인도의 민주화와 세계 인권 운동에까지 영향을 미쳤다. 그의 후손과 동포들이 물려받은 것은 금전적 재산이 아니라, 삶을 관통하는 도덕적 나침반이었다.

개인적인 차원에서도 마찬가지다. 어떤 이는 경제적으로 큰 자산을 물려줄 수 없었지만, 대를 이어 전해지는 한 권의 일기장을 남겼다. 그 속에는 수십 년간의 삶의 기록과 매일의 선택을 가능하게 한 신념이 담겨 있었다. 자녀들은 그 일기를 통해 부모의 삶을 다시 만나고, 어려움 앞에서 어떻게 서야 하는지를 배웠다. 돈으로는 살 수 없는 힘이 그 글 속에 있었던 것이다.

돈이 아닌 유산의 또 다른 형태는 관계의 유산이다. 부모가 평생 동안 쌓아온 인간관계, 신뢰, 그리고 공동체에서의 명망은 자녀에게 보이지 않는 힘이 된다. 신뢰받는 이름은 문을 열어주고, 위기 속에서 도움을 준다. 이런 관계의 유산은 단기간에 만들 수 없고, 오직 진실성과 꾸준한 태도로만 형성된다.

문화와 전통 역시 강력한 무형의 유산이다. 가문이나 가족이 지켜온 생활방식, 언어, 예술, 요리법, 가훈 등은 그 집단의 정체성을 유지하게 한다. 이런 유산은 구성원들에게 '우리는 누구인가'라는 질문에 답할 수 있게 한다. 자신이 어디에서 왔는지를 아는 사람은 삶의 방향을 설정할 때 더 단단하다.

돈이 아닌 유산이란 한 사람의 '살아온 방식'에서 비롯된다. 누군가는 정직하게 일하며, 어려운 이웃을 돕는 삶을 살았고, 누군가는 배우고 가르치는 일을 통해 지식과 지혜를 나눴다. 이런 삶의 궤적이 그대로 후대에 전해진다. 우리가 지금 매일의 선택 속에서 쌓는 습관과 태도는, 언젠가 누군가에게 남겨질 '보이지 않는 유산'이 된다. 이 질문은 우리에게 중요한 선택을 요구한다.

"나는 어떤 유산을 남기고 싶은가?"

단순히 물질을 늘리는 데만 몰두할 것인가, 아니면 시간이 지나도 사라지지 않을 가치와 이야기를 남길 것인가? 돈은 누군가에게 줄 수 있지만, 나를 통해 배운 삶의 방식은 오직 나만이 줄 수 있다. 진정한 유산은 계좌가 아니라 마음속에 남는다. 그리고 그것이야말로 후대의 삶을 변화시키는 가장 강력한 자산이다.

관계와 기억은 자산이 될 수 있는가?

　자산이라 하면 우리는 보통 돈과 부동산, 주식, 사업체 같은 경제적 가치가 있는 것을 떠올린다. 그러나 삶의 궤적을 길게 바라보면, 사람과의 관계와 공유된 기억이야말로 돈으로 살 수 없는 강력한 자산임을 깨닫게 된다. 재산은 경제 위기나 예기치 못한 사건으로 사라질 수 있지만, 관계와 기억은 마음속에서 계속 작동하며, 삶의 질과 방향을 바꾸는 힘이 있다.

　관계는 단순한 친분을 넘어 위기와 기쁨의 순간을 함께 겪으며 형성된 깊은 신뢰다. 어려울 때 손을 내밀어 주는 한 사람, 내 이야기를 끝까지 들어주는 친구, 말없이 곁을 지켜주는 동료. 이런 관계는 재무제표에는 기재되지 않지만, 인생의 고비에서 수십억 원의 자산보다 더 강력한 힘을 발휘한다. 심리학 연구에서도 사회적 유대가 강한 사람일수록 삶의 만족도와 정신 건강이 높다는 결과가 반복적으로 보고된다. 단절된 삶은 물질적으로 아무리 풍족해도 공허감을 낳지만, 단단한 관계망은 최소한의 물질로도 풍요를 가능하게 한다.

기억 역시 무형의 자산이다. 어릴 적 가족과 함께한 여행, 친구와 나눈 진심 어린 대화, 힘든 시기에 건네받은 따뜻한 손길. 이런 기억은 시간이 지나도 퇴색되지 않고, 오히려 시간이 흐를수록 가치가 더 깊어진다. 경제적 자산이 잔고나 시세로 측정된다면, 기억은 삶의 질을 결정하는 감정적 잔고다. 행복한 기억이 많은 사람은 현재의 불안과 어려움 속에서도 견디는 힘이 크다.

관계와 기억이 자산이 되는 이유는 그것이 '회복 탄력성'을 높이기 때문이다. 인생은 누구에게나 예측할 수 없는 위기를 던진다. 이때 회복력 있는 사람은 혼자가 아니다. 그 곁에는 지지해주는 사람이 있고, 떠올리면 힘이 되는 기억이 있다. 관계는 외부에서 나를 지탱하는 기둥이 되고, 기억은 내부에서 나를 일으켜 세우는 에너지 원이 된다.

이 무형의 자산은 돈처럼 '저축'과 '투자'가 필요하다. 관계를 유지하려면 시간과 관심, 진심 어린 대화가 필요하다. 중요한 기억을 만들려면 단순히 물리적 이벤트가 아니라, 마음이 담긴 경험이 동반되어야 한다. 가족과의 저녁 식사가 단순한 끼니가 아니라 의미 있는 시간이 되려면 휴대폰을 내려놓고 서로의 하루를 묻고, 이야기를 경청하는 노력이 필요하다.

문제는 많은 사람들이 바쁘다는 이유로 이 자산을 방치한다는 것이다. 돈을 벌기 위해 관계를 소홀히 하고, 기억을 만들 기회를 '나중에'로 미룬다. 하지만 시간이 지난 뒤에는 그 기회를 다시 만들 수 없다. 아이와의 여행, 부모와의 대화, 친구와의 소소한 모임은 그 순간을 놓치면 다시는 동일한 형태로 돌아오지 않는다. 그래서 관계와 기억은 미루면 안 되는 '소멸성 자산'이다.

노년기에 접어든 사람들은 젊은 시절보다 물질적 부에 대한 집착이 줄어들고, 관계와 기억을 최고의 자산으로 여긴다. 하버드 대학교의 장기 연구에서도 행복한 노년을 결정짓는 가장 중요한 요인은 '돈'이 아니라 '좋은 인간관계'였다. 그들은 말한다.

"마지막에 남는 건 당신이 가진 것이 아니라, 당신 곁에 있는 사람과 함께한 시간이다."

관계와 기억은 우리가 남길 수 있는 가장 따뜻한 유산이자, 스스로를 지키는 가장 강력한 자산이다. 물질은 세대가 바뀌면 흩어질 수 있지만, 관계에서 비롯된 신뢰와 기억에서 비롯된 힘은 오랫동안 이어진다. 우리는 재무 계획뿐 아니라 '관계 자산 계획'과 '기억 투자 계획'을 함께 세워야 한다. 그것이야말로 진정한 의미의 부를 완성하는 길이다.

죽음을 앞둔 이들이 말하는 부의 진실

죽음을 앞둔 사람들의 말에는, 삶을 오래 산 이만이 얻을 수 있는 날카로움과 담백함이 있다. 세상에서 가장 귀한 것이 무엇인지, 끝에 다다른 순간에 무엇이 남는지를 그들은 이미 알고 있다. 그리고 놀랍게도, 그들이 꼽는 '진짜 부'는 우리가 평소에 집착하는 돈, 명예, 물질적 소유와는 거리가 멀다.

호주에서 말기 환자들을 돌보던 간호사 브로니 웨어는 자신의 경험을 『죽기 전에 후회하는 다섯 가지』라는 책으로 남겼다. 그가 만난 수많은 환자들은 마지막 순간에 이렇게 말했다. **"돈을 더 벌 걸 그랬다고 후회하는 사람은 없었다."** 대신 그들은 '사랑하는 사람과 더 많은 시간을 보내지 못한 것', '자신이 진정 원하는 삶을 살지 못한 것'을 가장 크게 아쉬워했다. 돈은 그 순간 아무 의미가 없었고, 관계와 시간, 그리고 자기답게 살지 못한 날들이 가장 무겁게 마음을 눌렀다.

죽음을 앞둔 이들이 공통적으로 말하는 부의 진실은 명확하다.

첫째, 부는 시간과 연결되어 있다. 아무리 많은 재산이 있어도 남은 시간이 없다면 그것은 종이 위의 숫자일 뿐이다. 오히려 충분한 시간을 사랑하는 사람과 보내고, 하고 싶은 일을 할 수 있는 자유야말로 가장 큰 부다. 그러나 많은 사람들은 젊을 때 돈을 벌기 위해 시간을 희생하고, 나이가 들어서는 그 시간을 되돌리고 싶어 한다. 마지막 순간에 **"더 일했어야 했다"**라고 말하는 사람은 없다.

둘째, 부는 관계의 질과 직결된다. 죽음을 앞두고 병상에 누운 이들에게 가장 소중한 것은 자신을 찾아와 손을 잡아주는 몇 명의 사람들이다. 평생 함께 울고 웃었던 친구, 가족, 연인, 동료가 그 곁에 있다면, 물질적 부는 부차적인 것이 된다. 반대로, 관계를 소홀히 한 채 돈만 쫓아온 사람은 그 마지막 순간에 고립감과 공허함을 느낀다. 결국 부의 진정한 가치는 '누구와 함께 나누는가'에 달려 있다.

셋째, 부는 후회 없는 선택에서 온다. 죽음을 앞둔 사람들은 자신이 하지 않은 일, 용기 내지 못했던 선택, 미뤘던 꿈을 가장 후회한다. 그들에게 '부'라는것은 원하는 삶을 살았다는 만족감이다. 거액의 자산이 있어도 하고 싶은 일을 하지 못한 채 시간을 보냈다면, 그 인생은 빈 껍데기처럼 느껴진다. 반대로 물질적 부가 크지 않아도, 자신이 원했던 길을 걸어왔다는 확신이 있다면 그 사람은 부유하다.

흥미로운 점은, 죽음을 앞둔 이들이 말하는 부의 정의는 모두 무형의 가치라는 것이다. 사랑, 시간, 자유, 관계, 만족감. 이들은 주식 시세나 통장 잔고처럼 하루아침에 변동하는 것이 아니라, 삶 전반에 걸쳐 쌓이고 다듬어지는 자산이다. 그리고 이 자산은 '남들에게 보여주기 위해'가 아니라, 스스로의 삶을 충만하게 만들기 위해 존재한다. 이 진실은 우리에게 질문을 던진다.

"나는 지금 내가 후회하지 않을 삶을 살고 있는가?"

많은 사람들은 마지막 순간에 이 질문을 떠올리지만, 그때는 이미 늦다. 죽음을 앞둔 이들의 목소리는 현재를 사는 우리에게 경고한다. 부를 쫓되, 그 부가 시간과 사랑, 나다움과 교환되지 않도록 하라.

부의 진실은 단순하다. 죽음이 다가왔을 때, 우리는 가진 것을 세는 대신 함께한 얼굴들을 떠올린다. 그 순간 미소 지을 수 있다면, 그 삶은 부유한 것이다. 우리가 쌓아야 할 것은 단지 돈이 아니라, 마지막에 웃을 수 있는 삶의 장면들이다.

 ## 한눈에 보는
돈의 철학

- ✔ 돈보다 오래 남는 유산은 지혜와 가치관이다.
- ✔ 정직·성실 같은 무형의 유산은 세대를 넘어 전해진다.
- ✔ 간디의 비폭력 사상처럼 사상은 강력한 유산이 된다.
- ✔ 가족의 기록과 일기는 후대의 나침반이 된다.
- ✔ 관계와 신뢰는 보이지 않지만 평생 힘이 된다.
- ✔ 공유된 기억은 삶의 만족도를 높이는 자산이다.
- ✔ 관계·기억은 위기에서 회복력을 키운다.
- ✔ 죽음을 앞둔 이들은 돈이 아닌 사랑과 시간을 아쉬워한다.
- ✔ 마지막 순간에 남는 부는 관계와 자기다운 삶이다.
- ✔ 결국 진정한 유산은 마음속에 남는 삶의 방식이다.

| 12 |

철학은 우리에게
어떤 부를 권하는가?

윤리적인 부자란 무엇인가?

부자라는 단어는 흔히 부정적인 뉘앙스를 동반한다. 많은 재산을 가진 사람을 떠올릴 때, 우리는 종종 불공정한 수단이나 착취를 통해 부를 축적했을 것이라는 의심을 덧씌운다. 그러나 모든 부자가 그렇지는 않다. 부를 축적하는 과정과 그 부를 사용하는 방식에서 도덕적·윤리적 기준을 지키는 사람은 존재한다. 그들이 바로 '윤리적인 부자'다. 이들은 단순히 부를 많이 가진 사람이 아니라, 부의 출처와 쓰임이 공동체와 타인에게도 이익이 되도록 설계한 사람들이다.

윤리적인 부자는 먼저 **부의 형성과정에서 도덕성을 유지한다**. 이는 단순히 불법을 저지르지 않는 차원을 넘어선다. 노동자를 정당하게 대우하고, 환경을 파괴하지 않으며, 사회의 신뢰를 무너뜨리지 않는 방식으로 돈을 번다. 단기 이익을 위해 장기적인 피해를 감수하는 선택을 피하며, '나만 잘 살겠다'는 이기심 대신 '나와 타인이 함께 잘 살 수 있는 구조'를 지향한다. 예를 들면, 직원 복지를 중시하는 기업가, 생산 과정에서 친환경 원칙을 철저히 지키는 제조업자, 불필요한 소비를 조장하지 않는 마케팅 전략을 쓰는 경영자가 이에 해당한다.

윤리적인 부자는 **부의 사용에서도 원칙을 지킨다.** 그들은 부를 과시하거나 권력을 확대하는 수단으로 쓰지 않는다. 대신 그 부를 사회에 환원하거나, 새로운 기회를 창출하는 데 투자한다. 교육, 의료, 환경 보호, 사회적 약자를 위한 지원 등 부가 선순환 구조를 만들도록 의식적으로 방향을 잡는다. 예를 들어, 빌 게이츠와 멜린다 게이츠는 마이크로소프트를 통해 막대한 부를 쌓았지만, 그 대부분을 기후 위기, 질병 퇴치, 교육 개선에 쓰고 있다. 그들의 재단은 단순한 기부를 넘어, 지속 가능한 변화를 만드는 구조를 설계한다는 점에서 윤리적인 부자의 전형으로 꼽힌다.

윤리적인 부자는 **부와 삶의 균형을 안다.** 그들은 부가 인간의 가치를 결정하는 절대 기준이 아니라는 사실을 명확히 이해한다. 자신의 부를 스스로의 행복과 타인의 행복 모두에 쓰며, 삶의 질과 내면의 평온을 유지하는 방법을 안다. 이들은 부를 통해 타인을 압도하거나 지배하려 하지 않고, 부를 자신의 성취와 공동체의 성장 모두를 위한 에너지로 사용한다.

또한 윤리적인 부자는 **책임의식을 가진다.** 부를 축적한 사람은 그 과정에서 필연적으로 사회와 환경의 자원을 사용한다. 그렇기에 그 자원을 되돌려주는 것은 선택이 아니라 의무라는 인식을 갖는다. 부자이기 때문에 더 큰 세금을 내야 할 수도 있고, 사회적 문제 해결을 위해 목소리를 높여야 할 수도 있다. 이 책임의식을 회피하지 않고 기꺼이 감당하는 것이 윤리적인 부자의 중요한 조건이다.

마지막으로, 윤리적인 부자는 **투명성을 유지한다.** 부의 출처와 흐름을 숨기지 않고, 재산을 형성하고 운용하는 과정에서 이해관계자에게 정직하게 설명한다. 투명성은 신뢰를 만든다. 신뢰는 부를 오래 지속시키는 토대다. 반대로 불투명한 부는 언제든 의심과 비난에 휩싸여 무너질 수 있다.

윤리적인 부자란 '돈을 버는 방법, 쓰는 방법, 나누는 방법'이 모두 타당하고 떳떳한 사람이다. 그들은 부를 단순히 사적 소유가 아닌, 사회적 자산으로 본다. 그리고 그 부를 통해 더 나은 세상을 만드는 것을 자신의 성공의 척도로 삼는다. 오늘날 우리는 부자라는 단어에 너무 쉽게 부정적인 이미지를 덧입히지만, 윤리적인 부자는 그 인식을 바꿀 수 있다. 부는 얼마든지 선의와 양심을 기반으로 축적되고, 또 그렇게 쓰일 수 있기 때문이다.

부를 나눈다는 것의 의미

부를 나눈다는 것은 단순히 재산을 기부하거나 일정 금액을 전달하는 행위를 넘어선다. 그것은 '내가 가진 것을 나만의 것이 아니라, 다른 사람과 공유할 수 있는 자원으로 인식하는 태도'를 말한다. 부를 나누는 순간, 돈은 단순한 소유물이 아니라 누군가의 삶을 변화시키는 도구가 된다. 이때 부의 가치는 액수로만 결정되지 않는다. 적은 금액이라도 절실한 누군가에게는 삶을 바꿀 만큼 큰 힘이 될 수 있다.

나눔의 첫 번째 의미는 **관계의 회복**이다. 부는 본질적으로 교환과 거래를 통해 축적된다. 그러나 나눔은 거래가 아니라 일방적인 선물이다. 거래에서는 등가교환이 이루어지지만, 나눔에서는 받는 사람이 반드시 무언가를 되돌려줄 필요가 없다. 이런 '무조건적인 베풂'은 사람과 사람 사이의 신뢰를 회복하고, 사회적 유대를 강화한다. 사회가 불평등과 경쟁으로 갈라질수록, 나눔은 서로를 적으로 보는 시선을 줄이고 공동체 의식을 되살린다.

두 번째 의미는 **부의 순환**이다. 부가 한 사람이나 소수의 집단에 오래 머물면 사회 전체의 활력이 떨어진다. 반대로 부가 나눔을 통해 퍼져나가면 새로운 기회와 가능성이 생긴다. 교육 장학금이 한 사람의 인생을 바꾸고, 그 사람이 다시 사회에 기여하는 선순환 구조를 만들 수 있다. 소규모 창업 지원금이 새로운 일자리를 창출하고, 지역 경제를 살릴 수도 있다. 나눔은 부를 정체시키지 않고 살아 움직이게 한다.

세 번째 의미는 **부의 정의를 확장하는 것**이다. 나누지 않는 부는 그저 '나만을 위한 자산'이지만, 나누는 순간 그것은 '함께 쓰이는 자원'이 된다. 부를 나누는 사람은 부를 축적하는 과정에서뿐만 아니라, 부를 쓰는 과정에서도 자신의 가치관을 반영한다. 어떤 사람은 부를 통해 건물과 토지를 늘리지만, 다른 사람은 장학재단을 세우고 병원을 건립한다. 두 부자 모두 재산을 보유하지만, 나눔을 실천하는 부자는 그 재산의 사회적 가치를 배가시킨다.

네 번째 의미는 **나 자신을 변화시키는 힘**이다. 나눔은 받는 사람뿐 아니라 주는 사람도 변화시킨다. 나누는 행위는 자신이 '더 많이 가진 사람'이라는 우월감을 드러내는 것이 아니라, '함께 살아가는 존재'라는 자각을 심어준다. 나눔을 지속하는 사람들은 물질적 소유에서 오는 만족보다, 누군가에게 의미 있는 변화를 만들어냈다는 성취감에서 더 큰 기쁨을 느낀다. 이런 경험은 부를 대하는 태도 자체를 바꾸고, 소유의 목적을 '나를 위한 것'에서 '우리 모두를 위한 것'으로 확장시킨다.

마지막으로, 부를 나눈다는 것은 **미래를 설계하는 일**이다. 한 세대가 가진 부는 그 세대에서만 머물 수 있다. 그러나 나눔을 통해 부는 세대를 넘어 이어진다. 도서관을 세우는 기부, 환경 보전을 위한 지원, 미래 세대를 위한 교육 투자 등은 돈이 사라진 뒤에도 오랫동안 영향을 미친다. 이런 나눔은 단순한 시혜가 아니라, 다음 세대가 더 나은 환경에서 살아갈 수 있도록 만드는 설계도다.

부를 나눈다는 것은 결국, '내 것이 곧 우리의 것'이라는 인식에서 출발한다. 이 인식이 확산될 때, 부는 더 이상 계층을 나누는 벽이 아니라, 세상을 연결하는 다리가 된다. 돈이 많든 적든, 나눌 수 있는 무언가를 가진 사람은 모두 부자다. 그리고 그 나눔이 남긴 흔적은, 금액보다 훨씬 오래 사람들의 삶 속에 남는다.

'어떤 부자가 될 것인가'라는 마지막 질문

우리는 평생 부를 향해 달린다. 더 많은 소득, 더 넓은 집, 더 안정적인 자산을 원한다. 그러나 길 끝에서 우리를 기다리는 질문은 의외로 간단하다. **"당신은 어떤 부자가 되었는가?"** 이 질문은 단순히 '얼마나 가졌는가'를 묻지 않는다. 그것은 '어떤 방식으로 벌었는가', '무엇을 위해 썼는가', '그 부가 당신과 타인을 어떻게 변화시켰는가'를 동시에 묻는 질문이다.

부에는 크기보다 방향이 더 중요하다. 아무리 큰 부를 쌓아도 그것이 다른 사람을 해치거나 공동체를 무너뜨린 결과라면, 그 부는 결코 존경받을 수 없다. 반대로 규모가 작더라도 정직하게 벌고 의미 있게 쓰였다면, 그 부는 삶을 지탱하는 든든한 기반이자 자부심이 된다. **"어**

떤 부자가 될 것인가"라는 질문은 단순히 재산의 총액을 계산하는 것이 아니라, 부의 윤리, 부의 용도, 부의 유산을 함께 따져보게 만든다.

이 질문은 우리 삶의 우선순위를 다시 점검하게 한다. 부를 얻는 과정에서 건강을 잃고, 관계를 잃고, 자신을 잃었다면, 그것은 값비싼 대가를 치른 셈이다. 또 부를 지키기 위해 불안과 두려움 속에 산다면, 그것은 부가 아니라 족쇄에 가깝다. 진정한 부자는 부를 '소유'하는 사람이 아니라, 부를 통해 자유를 누리는 사람이다. 자유는 단지 하고 싶은 일을 하는 것이 아니라, 하지 않아도 되는 것을 선택할 수 있는 권한이기도 하다.

또한, **"어떤 부자가 될 것인가"**라는 질문은 부의 사회적 측면을 묻는다. 내가 가진 부가 나만의 울타리 안에 갇혀 있는지, 아니면 세상과 연결되어 있는지 말이다. 나눔을 실천하는 부자는 자신의 부를 공동체의 성장과 안전망 구축에 기여하게 만든다. 반대로 부를 축적하는 데만 몰두하는 사람은 그 부를 방어하는 데 평생을 소비한다. 어느 쪽을 선택하느냐에 따라, 부는 평생 나를 지켜주는 방패가 될 수도 있고, 나를 가두는 감옥이 될 수도 있다.

이 질문은 유산의 형태까지 포함한다. 언젠가 우리는 모두 가진 것을 두고 떠난다. 그때 남겨지는 것이 단순히 숫자와 부동산 목록이라면, 그것은 금전적 상속에 불과하다. 그러나 함께 보낸 시간, 전해준 가치관, 만들어준 기회, 그리고 내 삶의 태도는 세대를 넘어 이어지는 무형의 유산이 된다. 부를 쌓는 데 들였던 시간만큼, 부를 어떻게 남길지 고민하는 것은 **"어떤 부자가 될 것인가"**라는 질문의 마지막 단계다.

이 질문은 우리 각자의 인생철학을 드러낸다. 부를 바라보는 태도는 그 사람의 세계관, 가치관, 인간관계, 삶의 목표를 압축해서 보여준다. 어떤 사람은 '더 많이 갖는 것'을 최고의 목표로 삼고, 어떤 사람은 '더 깊이 존재하는 것'을 부의 기준으로 삼는다. 그리고 어떤 사람은 이 둘을 조화롭게 맞추려 한다. 어느 길을 선택하든, 중요한 것은 의식적인 선택을 하는 것이다. 무심코 사회의 기준에 휩쓸려 '부자'가 된 것이 아니라, 스스로 정의한 방식으로 부를 형성하고 사용했다는 확신이 있어야 한다.

"어떤 부자가 될 것인가"라는 질문은 한 번만 던지고 끝나는 질문이 아니다. 인생의 각 시기마다, 상황이 변할 때마다, 그리고 부의 크기와 형태가 변할 때마다 다시 던져야 하는 질문이다. 왜냐하면 부의 정의는 정적인 것이 아니라, 우리의 경험과 성찰에 따라 계속해서 업데이트되기 때문이다.

마지막에 우리를 평가하는 것은 사회의 시선이 아니다. 결국, 거울 앞의 내가 나에게 던지는 질문이 남는다. **"나는 내가 되고 싶었던 부자가 되었는가?"** 그 질문에 후회 없이 **"그렇다"**라고 말할 수 있다면, 그 사람은 이미 진정한 부자다.

한눈에 보는
돈의 철학

- ✔ 부의 평가는 크기가 아니라 형성과 쓰임의 윤리에 달려 있다.
- ✔ 윤리적인 부자는 정직하게 벌고, 공동체에 유익하게 쓴다.
- ✔ 부를 나누는 행위는 거래가 아닌 선물로, 신뢰를 회복한다.
  - ✔ 나눔은 부를 정체시키지 않고 사회에 순환시킨다.
  - ✔ 나눔은 받는 이뿐 아니라 주는 이의 삶도 변화시킨다.
- ✔ 부는 나만의 울타리가 아니라, 세대를 잇는 다리가 될 수 있다.
- ✔ "어떤 부자가 될 것인가"라는 질문은 삶의 철학을 드러낸다.
  - ✔ 부자가 된 방식, 쓰임, 유산이 그 답을 결정한다.
- ✔ 부는 족쇄가 될 수도, 자유와 평온의 기반이 될 수도 있다.
- ✔ 진정한 부자는 소유가 아닌 존재와 나눔으로 평가받는다.

에필로그

삶으로 완성하는 부

책의 마지막에서 남는 질문은 단순하다.

"나는 얼마나 벌었는가?"가 아니라,
"나는 내가 원하는 방식으로 살고 있는가?"

돈은 우리의 하루마다 스며들지만, 그것이 삶의 방향을 결정할 필요는 없다. 방향은 내가 정하고, 돈은 그 길을 돕는 수단일 뿐이다.

이를 위해 다섯 가지 제안을 남긴다.

1. 충분함을 정의하라.
언제 멈출지 기준을 세워야 불안이 줄어든다.

2. 돈과 시간을 저울질하라.
더 많은 수입이 자유를 빼앗고 있지는 않은지 묻자.

3. 소비의 습관을 새로 쓰라.
비교와 과시 대신, 나다운 가치에 맞추어 쓴다.

4. 관계 자산을 돌보라.
숫자가 아닌 사람이 결국 삶을 지탱한다.

5. 마지막 장면을 상상하라.
무엇을 남기고 싶은가? 그것이 오늘의 선택을 바꾼다.

세상이 던져주는 부의 기준은 늘 변한다. 그러나 스스로 세운 기준은 흔들리지 않는다. 부는 쌓이는 것이 아니라, 설계되는 것이다.

이제 질문은 다시 우리에게 돌아온다.

"나는 내가 되고 싶은 부자가 되었는가?"

그 물음에 조용히 **"예"**라고 답할 수 있다면, 이미 우리는 충분히 부유한 것이다.

부록

P.T. 바넘(Phineas Taylor Barnum)
『돈을 버는 기술』

P.T. 바넘, 『돈을 버는 기술』

오늘 우리는 '투자의 귀재' 워런 버핏을 잘 알고 있습니다. 그의 검소한 생활과 흔들림 없는 투자 철학은 이미 하나의 전설이 되었습니다. 그런데 100여 년 전에도 사람들의 마음을 사로잡은 인물이 있었습니다. 바로 '쇼 비즈니스의 아버지'라 불린 P.T. 바넘입니다.

버핏이 주식 시장에서 신뢰와 가치를 팔았다면, 바넘은 무대 위에서 호기심과 환상을 팔았습니다. 서로 다른 길을 걸었지만, 두 사람은 공통적으로 대중의 마음을 꿰뚫어 본 천재들이었습니다. 오늘날 바넘의 이름은 낯설게 느껴질 수 있지만, 그가 만들어낸 장면들은 당시 사람들에게 잊을 수 없는 경험이었고 지금 우리에게도 여전히 신선한 메시지를 전합니다.

돈의 본질을 묻는 이 책의 여정을 마무리하며, 우리는 다시 현실을 떠올리게 됩니다. 철학은 삶의 방향을 밝혀주지만, 삶은 언제나 구체적인 선택과 행동 속에서 이루어지기 때문입니다. 바로 이 지점에서 바넘의 목소리를 빌려오고자 했습니다.

19세기 미국의 쇼맨이자 사업가였던 바넘은 단순히 돈을 쌓는 기술을 말하지 않았습니다. 그는 정직과 신뢰, 성실과 근면을 돈을 다루는 태도의 핵심으로 설파했습니다. 철학이 돈의 의미를 비추어 주었다면, 바넘은 돈을 대하는 태도와 돈의 사용법을 일러주었습니다.

그래서 이 책의 끝에 돈을 대하는 태도와 돈의 사용법이 담긴 그의 글을 부록으로 실었습니다. 이는 단순한 덤이 아니라, 성찰과 실천이 만나는 자리입니다. 돈은 전부가 아니지만, 그렇다고 무의미하지도 않습니다.

바넘이 남긴 말은 지금도 이렇게 속삭입니다.

"돈이 전부가 아니다. 중요한 것은 사람들의 마음을 이해하고, 그 마음 속에서 길을 찾는 것이다."

철학적 성찰과 바넘의 현실적 지혜가 함께 놓일 때, 우리는 돈과 삶의 균형을 조금 더 선명히 볼 수 있을 것입니다.

돈을 대하는 태도
(마음가짐과 삶의 자세)

적성에 맞지 않는 길을 선택하지 말라

젊은이가 인생을 시작할 때 가장 안전하고 성공할 확률이 높은 길은, 자신의 취향과 가장 잘 맞는 직업을 고르는 것이다. 부모나 보호자들은 이 점을 너무 소홀히 여기는 경우가 많으며 특히 아버지가 이렇게 말하는 경우가 흔하다.

"내겐 아들이 다섯 있다. 빌리는 목사가 되고, 존은 변호사로, 톰은 의사로, 딕은 농부로 만들겠다."

그리고는 마을에 나가 막내 새미에게 무엇을 시킬지 둘러본다. 집으로 돌아와서는 말한다.

"새미야, 시계 제작이라는 게 참 고상한 직업이더구나. 널 금세공인으로 만들어야겠다."

이렇게 아이의 타고난 성향이나 재능은 전혀 고려하지 않고 결정해버린다. 우리는 모두 분명 어떤 지혜로운 목적을 가지고 태어난다. 얼굴이 제각각이듯 두뇌의 성향도 다양하다. 어떤 아이는 타고난 기계적 감각을 가지고 태어나고, 또 어떤 아이는 기계라면 질색을 한다.

열 살짜리 소년 열 둘을 모아 놓으면, 두세 명은 금세 무언가를 깎아 만들거나 자물쇠, 복잡한 기계 장치 같은 것을 만지작거릴 것이다. 그들은 다섯 살 때부터 퍼즐이 아니고서는 만족하지 못했던 아이들이다. 타고난 기계공들이다. 그러나 나머지 여덟, 아홉 명은 전혀 다른 성향을 가지고 있다. 나 역시 후자의 부류였다. 기계에 대한 애정은 전혀 없었고, 오히려 복잡한 기계 장치에 대해서는 본능적인 거부감을 가지고 있었다. 나는 사과즙을 짜는 꼭지를 새지 않게 깎아낼 능력조차 없었다. 쓸 만한 펜 하나 만들지 못했고, 증기기관의 원리조차 이해하지 못했다.

만약 누군가 어린 시절의 나 같은 아이를 시계공으로 만들려 한다면, 그 아이는 5년, 7년간 견습을 거쳐 겨우 시계를 분해하고 다시 조립하는 법을 익힐 수 있을 것이다. 그러나 평생 내내 일에 흥미를 느끼지 못하고, 틈만 나면 일을 피할 구실을 찾으며 시간을 허비했을 것이다. 그에게 시계 제작은 본질적으로 맞지 않는 일이다.

자연이 그에게 부여한 적성과 가장 잘 어울리는 직업을 택하지 않는 한, 사람은 결코 성공할 수 없다. 다행히도 대부분의 사람들은 자기에게 맞는 일을 찾아간다고 믿고 싶다. 그러나 여전히 자신에게 맞지 않는 길을 선택한 이들도 많다. 대장장이에서 성직자에 이르기까지 잘못된 선택을 한 이들을 우리는 흔히 볼 수 있다. 예컨대 언어 천재였던 '학식 있는 대장장이'는 차라리 언어 교사가 되었어야 했다. 또 변호사, 의사, 성직자 가운데도, 차라리 모루 앞에서 망치를 두드리거나 구두를 꿰매는 일이 더 잘 맞는 사람들이 적지 않다.

성공할 수 있는 환경을 선택하라

적성에 맞는 일을 찾았다면, 이제는 올바른 장소를 신중히 고르는 것이 무엇보다 중요하다. 예를 들어 당신이 타고난 호텔 경영인이라 하자. 사람들은 **"호텔을 운영할 줄 아는 것은 일종의 천부적 재능이다"**라고 말한다. 당신이 하루에 500명의 손님을 빈틈없이 만족시킬 만큼 탁월한 운영 능력을 지녔다고 해도, 만약 철도도 없고 여행객도 찾지 않는 작은 마을에 호텔을 세운다면 그 위치 때문에 망할 수밖에 없다. 또한 이미 같은 업종이 수요를 모두 충족시키고 있는 곳에서 새로 사업을 시작하는 것 역시 위험하다.

나는 이와 관련해 잊을 수 없는 경험이 있다. 1858년 런던에 있었을 때, 영국인 친구와 함께 홀번 거리를 걷다가 '페니 쇼(penny shows)'라는 볼거리를 보게 되었다. '단돈 1페니에 놀라운 구경거리!'라는 거대한 광고 그림이 붙어 있었다. 공연업에 종사하던 나로서는 호기심이 생겨 "들어가 보자"고 했다. 그곳에서 나는 지금껏 본 중 가장 영리한 흥행사와 마주쳤다. 그는 수염 난 여자, 알비노, 아르마딜로 등에 관한 황당한 이야기를 늘어놓았는데, 믿기 어려웠지만 '증거를 찾느니 믿는 편이 낫겠다' 싶을 정도였다. 마침내 그는 밀랍 인형을 보여주겠다며, 상상할 수 없을 만큼 더럽고 불결한 인형들을 내놓았다. 물 한 번 닿은 적이 없는 듯했다.

"당신의 인형이 뭐가 그렇게 특별합니까?"

내가 묻자, 그는 이렇게 답했다.

"비꼬지 마십시오, 선생님. 제 인형은 마담 투소의 화려한 금박, 가짜 다이아몬드, 판화나 사진을 모방한 그런 작품이 아닙니다. 제 작품은 모두 실제 인물을 본떠 만든 것입니다. 저 인형을 보는 순간, 살아 있는 사람을 보는 셈이지요."

무심코 보니 '헨리 8세'라고 적힌 인형이 있었다. 그런데 그 모습은 '인간 해골' 칼빈 에드슨과 흡사했다. 나는 물었다.

"저걸 헨리 8세라고 합니까?"

"그렇습니다. 햄프턴 코트에서 폐하의 특별 명령으로 직접 본떠 만든 것이지요."

만약 내가 더 캐물었더라면 시간까지 말했을 것이다. 나는 말했다.

"헨리 8세는 알다시피 뚱뚱한 왕이었는데, 저 인형은 깡마른데요?"

그는 태연히 답했다.

"선생님, 그처럼 오랫동안 앉아 계셨다면 당신도 그렇게 마르셨을 겁니다."

나는 더 이상 반박할 수 없었다. 친구에게 속삭였다.

"나가자. 내가 졌다. 정체는 밝히지 말아라."

그가 문까지 따라오더니 거리의 군중에게 이렇게 외쳤다.

"신사 숙녀 여러분, 보십시오! 이처럼 훌륭한 손님들이 제 전시장을 찾으셨습니다!"

우리를 가리키며 광고 효과를 챙기는 것이었다.

며칠 뒤 나는 다시 그를 찾아가 내 정체를 밝히며 말했다.

"당신은 훌륭한 쇼맨이오. 하지만 장소 선택을 잘못했소."

그는 고개를 끄덕이며 답했다.

"맞습니다. 제 재능이 모두 허비되고 있음을 느낍니다. 하지만 어쩌겠습니까?"

"미국으로 오시오. 그곳에서는 당신의 능력을 마음껏 펼칠 수 있을 겁니다. 내가 2년 계약을 보장하겠소. 그 뒤에는 혼자서도 충분히 설 수 있을 것이오."

그는 내 제안을 받아들였고, 2년 동안 뉴욕의 내 박물관에서 일했다. 이후 뉴올리언스로 가서 여름철에는 이동식 흥행업을 이어갔다. 그는 6만 달러(2025년 현재가치 환산시 240만달러)의 재산을 모았다. 단지 적성과 함께 올바른 장소를 선택했기 때문이다. 속담에 **"이사를 세 번 하면 불 난 것과 같다"** 라는 말이 있지만, 이미 불 속에 있다면 얼마나 빨리, 얼마나 자주 옮기느냐는 전혀 문제가 되지 않는다.

끝까지 밀고 나가라

옳은 길에 들어섰다면, 반드시 끈기 있게 밀고 나가야 한다. 이 말을 하는 이유는 세상에는 태어날 때부터 늘 피곤해 보이고, 게으르고, 자기 자신을 믿지도 못하고, 끈기조차 없는 사람들이 많기 때문이다. 하지만 그런 사람들도 이런 성품을 기를 수 있다. 데이비 크로켓은 이렇게 말했다.

"내가 죽은 뒤에도 이 말은 기억하라. 네가 옳다고 확신하면, 앞으로 나아가라."

바로 이 앞으로 나아가는 정신, 우울과 무력감에 지배당해 힘을 잃지 않고 독립을 향한 싸움에서 에너지를 유지하는 결심이야말로 반드시 길러야 할 자질이다. 많은 사람들이 목표에 거의 다다랐지만, 스스로에 대한 믿음을 잃고 힘을 늦추는 바람에 영원히 황금 같은 기회를 잃어버렸는가?

셰익스피어는 이렇게 말했다.

"인생에는 조류가 있다. 그 물결이 차올랐을 때 잡으면, 곧바로 부로 이어진다."

하지만 머뭇거리면, 더 과감한 누군가가 먼저 손을 뻗어 상을 가져간다. 솔로몬의 잠언을 기억하라.

"게으른 자는 가난해지지만, 부지런한 자의 손은 부유하게 된다."

끈기는 때때로 자기 신뢰와 같은 말이다. 많은 사람들은 타고난 성향 때문에 삶의 어두운 면만 바라보고, 근심을 스스로 짊어진다. 이들은 늘 남에게 조언을 구하고, 이 바람 저 바람에 흔들리며 자기 자신을 믿지 못한다. 스스로를 믿지 못한다면 성공을 기대할 수 없다.

나는 어떤 이들이 금전적 실패를 겪고, 결코 극복할 수 없다고 믿어 자살하는 것을 본 적이 있다. 하지만 더 큰 재정적 어려움을 만났음에도 단순한 끈기와, 자신이 옳은 일을 하고 있으며 섭리가 결국 '악을 선으로 이길 것'이라는 굳은 믿음으로 그 위기를 넘겨낸 이들도 보았다. 이는 인생 어디에서나 확인할 수 있는 사실이다.

두 명의 장군이 있다고 하자. 두 사람 모두 전술에 능하고, 웨스트포인트에서 교육받았으며, 재능도 비슷하다. 하지만 한쪽은 끈기의 원칙을 가지고 있고, 다른 한쪽은 그렇지 않다면, 전자는 반드시 승리하고 후자는 실패할 것이다.

주저하는 장군은 이렇게 말한다.

"적이 오고 있다고? 게다가 대포까지 있다?"

"그렇습니다."

"그럼 당장 모든 군을 멈춰라."

그는 생각할 시간을 원한다. 그러나 그 망설임은 곧 그의 파멸을 불러온다. 적은 저항 없이 지나가거나, 그의 군을 압도해버린다.

반면, 끈기와 배짱, 자기 신뢰를 가진 장군은 흔들림 없는 의지로 전투에 임한다. 무기들이 부딪히고, 대포가 울리며, 부상자들의 비명과 죽어가는 자들의 신음 속에서도 그는 끊임없이 전진한다. 주저함 없는 결심으로 앞으로 나아가며, 그의 병사들에게 인내와 용기, 승리의 정신을 불어넣는다.

무슨 일을 하든 최선을 다하라

어떤 일이든 시작했다면 온 힘을 다해라. 필요하다면 아침 일찍부터 밤늦게까지, 제철이든 아닐 때든, 할 수 있는 일은 미루지 말고 당장 해내야 한다. 이런 속담이 있다. **"어떤 일이든 할 가치가 있다면 제대로 하라."** 많은 이들이 철저하게 일해 부자가 되지만, 옆집 사람은 대충대충 하다 평생 가난하게 산다. 야망, 에너지, 근면, 끈기는 사업 성공의 필수 요소다.

행운은 늘 용감한 사람 편이다. 자기 자신을 돕지 않는 사람은 행운도 돕지 않는다. 미카버 씨처럼 "뭔가 좋은 일이 일어나겠지" 하며 시간을 보내서는 안 된다. 그런 사람에게 결국 찾아오는 건 사회구제시설 아니면 감옥이다. 게으름은 나쁜 습관을 만들고, 사람을 누더기 신세로 만든다.

어떤 거지는 부자에게 이렇게 말했다.

"세상의 돈을 똑같이 나누면 우리 모두 행복하게 살 수 있을 겁니다."

부자가 대답했다.

"그대 같은 사람이 세상에 가득하다면, 두 달도 안 되어 돈이 다 없어질 텐데, 그땐 어쩌겠소?"

거지는 태연하게 말했다.

"그럼 또 나누면 되지요. 계속 나누면 됩니다!"

나는 얼마 전 런던 신문에서 어떤 철학적 빈민 이야기를 읽었다. 그는 하숙집에서 방값을 못 내 쫓겨났는데, 주머니에는 잉글랜드의 국가 부채를 한 푼도 안 들이고 갚을 수 있다는 황당한 계획서가 잔뜩 들어 있었다.

크롬웰은 이렇게 말했다.

"섭리를 믿되, 화약은 마르게 두라."

즉, 자기 할 일을 다 한 뒤에야 비로소 운명이나 행운을 기대할 수 있다는 뜻이다. 마호메트 역시 어느 날 사막에서 제자에게 "낙타를 풀어두고 신께 맡기겠다"는 말을 듣고 이렇게 말했다.

"낙타를 먼저 묶어라. 그 후에 신께 맡겨라."

우리도 마찬가지다. 자신이 할 수 있는 일은 모두 해내고, 그 다음에야 신의 뜻이든, 행운이든, 무엇이든 나머지를 맡겨야 한다.

좋은 도구와 자원을 활용하라

직원을 채용할 때는 반드시 최선을 다해 최고의 사람을 뽑아야 한다. 어떤 일을 하든, 도구가 좋을수록 성과도 좋다. 그리고 수많은 도구 중에서도 가장 신중하게 선택해야 할 것은 바로 '살아 있는 도구', 즉 사람이다. 좋은 사람을 뽑았다면 자주 바꾸지 말고 함께 오래 가는 것이 낫다. 그는 매일 새로운 것을 배우고, 그 경험은 고스란히 당신에게도 이득이 된다. 해가 갈수록 그 가치는 더 커지고, 습관이 건전하고 성실하다면 절대 놓치지 말아야 할 사람이다.

물론, 경험이 쌓이면서 값어치가 높아진 직원이 '내가 없으면 이 회사는 안 돌아간다'는 태도로 지나치게 높은 연봉을 요구한다면? 그럴 땐 과감히 보내야 한다. 첫째, 그 자리가 반드시 대체 가능하다는 사실을 보여주기 위함이고, 둘째, 스스로를 '없으면 안 되는 사람'이라고 여기는 순간 이미 그는 쓸모없는 인재가 되기 때문이다. 그럼에도 가능하다면, 그의 경험에서 오는 성과를 계속 함께 누리기 위해 붙잡는 편이 바람직하다.

직원에게서 중요한 요소는 단순한 '손'이 아니라 '두뇌'다. 신문에 "손 구함(Hands Wanted)"이라는 광고가 붙곤 하지만, 머리 없는 손은 그다지

가치가 없다.

비처 목사는 이런 예를 들었다.

한 직원이 와서 말한다.
"저는 두 손이 있습니다. 손가락 하나는 생각할 줄 압니다." → "좋군."

다른 사람이 와서 말한다.
"저는 손가락 두 개가 생각할 줄 압니다." → "더 낫군."

또 다른 이가 말한다.
"저는 손가락과 엄지 모두가 생각합니다." → "더 훌륭하군."

마지막으로 한 사람이 말한다.
"저는 머리로 생각합니다. 전 몸 전체로 사고하고 일합니다. 저는 생각하는 노동자입니다." → "바로 당신 같은 사람이 필요하오!"

이처럼 머리와 경험을 겸비한 사람이야말로 가장 값진 인재다. 따라서 그런 사람은 쉽게 놓아서는 안 되며, 그가 회사를 떠나지 않도록 정기적으로 합리적인 보상을 제공하는 것이 당신과 그 모두에게 이익이다.

본업을 가볍게 여기지 말라

젊은이들은 사업 훈련이나 도제 과정을 마치고 나면, 자기 업에 충실하기보다 빈둥거리며 시간을 보내는 경우가 많다.

"나는 기술을 다 배웠어. 이제 남 밑에서 일할 생각은 없어. 내 사업을 차려야지." 라고 말한다. 그러면 묻는다.

"자본이 있나?"

"아직은 없어. 하지만 곧 생길 거야."

"어떻게 마련할 건데?"

"비밀인데… 부유한 이모가 계신데 곧 돌아가실 것 같아. 아니면 돈 많은 어른이 나한테 몇 천 달러를 빌려줄지도 몰라. 시작할 돈만 있으면 난 잘해낼 자신이 있어."

이런 생각만큼 큰 착각은 없다. 남의 돈으로는 결코 성공할 수 없다. 왜냐하면 누구나 공감하듯, 거부 존 제이콥 애스터도 이렇게 말했다.

"내 거대한 재산을 모으는 과정에서, 첫 천 달러를 모으는 게 그 이후 수백만 달러를 모으는 것보다 훨씬 어려웠다."

돈은 그 가치를 직접 체험해야만 비로소 쓸모가 생긴다. 소년에게 2만 달러를 쥐여주고 사업을 시작하게 하면, 1년 안에 그 돈을 몽땅 날려버릴 확률이 높다. 마치 복권에 당첨된 것과 같다.

"쉽게 얻은 건 쉽게 잃는다."

자기 힘으로 땀 흘려 벌어본 적이 없다면, 그 가치를 알 수 없다. 진정한 성공은 절제와 검소함, 인내와 끈기에서 온다. 남의 돈으로 시작하는 자본으로는 결코 부를 쌓을 수 없다. 젊은이들이여, 죽은 자의 유산만 기다리지 말라. 부유한 친척이란 죽기를 가장 꺼리는 부류다. 그리고 그것은 상속자들에게 오히려 다행스러운 일이다.

오늘날 미국의 부자 10명 중 9명은 가난한 소년 시절을 보냈다. 그러나 의지와 근면, 절약과 좋은 습관으로 차근차근 돈을 모았고, 그것이야말로 부를 얻는 최선의 길이었다.

스티븐 지라드는 가난한 선실 소년에서 출발해 900만 달러를 남기고 세상을 떠났다.

A.T. 스튜어트는 가난한 아일랜드 소년이었으나, 한 해 150만 달러의 세금을 낼 정도로 성장했다.

존 제이콥 애스터는 가난한 농부의 아들이었으나 2천만 달러를 남겼다.

코넬리어스 밴더빌트는 스태튼아일랜드에서 뉴욕까지 배를 저으며 삶을 시작했으나, 정부에 백만 달러짜리 증기선을 기부했고, 결국 5천만 달러의 재산을 남겼다.

속담에 **"학문에는 왕도가 없다"**라고 했지만, 나는 덧붙여 이렇게 말하고 싶다. **"부에도 왕도는 없다"** 그러나 동시에, 학문과 부로 가는 길 모두 진정한 왕의 길일 수 있다.

학문을 향한 길은 지적 성장을 통해 매일 지식을 더하고, 결국 별을 세고, 지구의 원자를 분석하며, 하늘의 법칙까지 헤아릴 수 있게 되는 길이다. 그 길이야말로 가장 고귀하고, 가장 걸을 만한 길이다.

부를 쌓는 길도 마찬가지다. 자신감을 가지고 규칙을 배우고, 무엇보다 인간 본성을 깊이 연구하라. **"인간이 탐구해야 할 가장 중요한 학문은 인간 자신이다"**라는 말이 있듯, 사람을 아는 지혜야말로 재산을 불려 가는 가장 큰 자산이다. 경험이 쌓이고 지성과 체력이 자라날수록, 원금은 눈덩이처럼 불어나 이자가 붙고 또 새로운 기회가 더해져 마침내 경제적 독립에 도달할 수 있다.

가난한 집 아들들이 부자가 되고, 부잣집 아들들이 가난해지는 경우는 빈번하다. 한 부자가 세상을 떠나며 큰 유산을 남겼다고 하자. 장남들은 아버지와 함께 돈 버는 과정을 겪어봤기에 돈의 가치를 안다. 그래서 상속을 받아도 더 크게 불려낸다. 반면 어린 자식들은 유산을 '이자'로 굴리기만 할 뿐, 정작 돈을 벌어본 경험이 없다. 그 아이들은 매일 같이 "넌 부자야. 일 안 해도 돼. 원하는 건 뭐든 가질 수 있어. 넌 금수저로 태어났어."라는 말을 듣는다. 그 아이는 곧 그 말이 무슨 뜻인지 깨닫는다. 최고의 옷과 장난감을 갖고, 사탕으로 배를 채우며, '과잉 친절' 속에 오히려 망가진다. 학교에서는 칭찬과 아첨을 받으며 떠받들어지고, 점점 오만하고 자만심에 가득 차 교사를 무시하며 군림한다. 돈의 가치를 모른 채, '금수저' 신분만을 안다.

대학에 가면 가난한 친구들을 방에 불러 술과 밥을 대접한다. 돈을 펑펑 쓰니 그는 '멋진 친구'라 불리며 치켜세움 받는다. 화려한 파티를 열고, 빠른 말(마차)을 몰고, 친구들을 유혹해 방탕한 유흥에 몰두한다. 술에 취해

밤새 떠들며 "해 뜰 때까지 집에 가지 말자"는 노래를 부른다. 간판을 부수고, 대문을 뜯어다 연못에 던지는 장난을 주도한다. 경찰이 잡으러 오면 그들을 때려눕히고, 유쾌하게 벌금을 치른다. 그리고 이렇게 말한다.

"얘들아, 부자라면 즐기면서 살아야지, 안 그래?"

그러나 사실은, '부자라면 바보가 되어도 된다고 믿는 꼴'일 뿐이다. 남의 돈을 짊어진 청년은 대부분 그 재산을 다 잃는다. 그리고 건강, 지갑, 인격을 망치는 온갖 나쁜 습관만 배우게 된다. 이 나라에서는 세대가 바뀔 때마다 같은 일이 반복된다. 오늘의 가난한 이들이 내일의 부자가 되고, 그 부자들이 다시 아이들에게 재산을 물려준다. 하지만 사치 속에 자란 아이들은 경험이 없어 다시 몰락한다. 또 시간이 흐르면 새로운 세대가 경험을 쌓아 다시 부자가 된다. 역사는 반복된다.

지혜로운 사람은 남의 실패와 경험을 귀담아들어, 수많은 이들이 좌초된 암초와 여울을 피해간다. 영국에는 이런 말이 있다. **영국에서는 직업이 곧 사람을 만든다.** 그 나라에서는 누군가가 기계공이거나 노동자라면 신사로 인정받지 못한다. 내가 처음 빅토리아 여왕 앞에 섰을 때, 웰링턴 공작이 내게 물었다.

"톰 엄지 장군의 부모는 어떤 신분인가요?"
"그의 아버지는 목수입니다."라고 내가 대답하자,
공작은 "아, 전 그가 신사라고 들었는데요."라고 말했다.

하지만 미국에서는 사람이 직업을 만든다. 대장장이든 구두장이든, 농부든, 은행가든, 변호사든, 정직한 일이라면 누구든 신사로 존중받을 수 있다. 정당한 직업은 두 가지 축복을 안겨준다. 그 일을 하는 사람 자신을 돕고, 동시에 다른 사람들에게도 유익을 준다.

농부는 자신의 가족을 먹여 살릴 뿐 아니라, 상인이나 기술자에게도 필요한 농산물을 공급한다.

재단사는 자신의 생계를 유지할 뿐 아니라, 옷을 만들지 못하는 농부, 성직자, 다른 이들에게도 혜택을 준다.

이렇듯 각 분야는 서로 연결되어 있고, 모두가 신사일 수 있다. 진정한 야망은 같은 업종에 종사하는 모든 사람들 가운데서 탁월해지는 것이어야 한다. 어느 대학 졸업생이 한 원로 변호사에게 물었다.

"아직 어떤 직업을 가질지 못 정했습니다. 변호사라는 직업은 이미 사람이 꽉 차 있나요?"

원로는 이렇게 재치 있고 진실되게 대답했다.

"지하실은 꽉 찼지만, 위층에는 아직 자리가 많지."

그 말처럼, 어느 직업이든 '윗자리'는 절대 과밀하지 않다. 가장 성실하고 똑똑한 상인, 가장 믿을 만한 은행가, 가장 뛰어난 변호사, 가장 실력 있는 의사, 가장 존경받는 성직자, 가장 정교한 구두장이와 목수… 그런 사람은 언제나 찾는 이가 많고, 일이 끊이지 않는다. 하지만 미국인들은 대체로 너무 성급하다. 빨리 부자가 되려고만 하고, 자기 일을 제대로 깊이 있게 하지 않는 경우가 많다. 그러나 자신의 분야에서 남들보다 뛰어나고, 좋은 습관과 의심할 여지없는 정직성을 지닌 사람이라면 반드시 손님을 끌어모으고, 거기서 자연스럽게 부가 따라온다. 그러니 언제나 당신의 좌우명은 이 말이 되어야 한다.

"Excelsior (더 높이)."

그 길을 따라 산다면, 세상에 실패라는 단어는 존재하지 않는다.

실질적으로 도움이 되는 것을 배워라

누구나 아들이든 딸이든 반드시 쓸모 있는 기술이나 직업을 하나는 익히도록 해야 한다. 요즘처럼 운이 하루아침에 바뀌어, 오늘은 부자였다가 내일은 가난해질 수 있는 세상에서, 언제든 의지할 수 있는 확실한 기반이 필요하다. 이런 준비만 되어 있어도, 뜻밖의 불운으로 재산을 모두 잃었을 때 불행으로 무너지는 일을 막아줄 수 있다.

희망은 품되, 공상에 빠지지 말라

많은 사람이 늘 가난한 이유는 공상에만 빠져 있기 때문이다. 무슨 일을 보더라도 반드시 성공할 것처럼 보이고, 그래서 한 사업에서 다른 사업으로 계속 옮겨 다니며 늘 문제 속에 빠져 지낸다. 옛말에 *"알에서 병아리가 나오기도 전에 수를 세지 말라"*라는 교훈이 있다. 하지만 이 오래된 오류는 세월이 지나도 좀처럼 고쳐지지 않는다.

힘을 여기저기 분산시키지 말라

한 가지 일에만 집중하라. 그리고 성공할 때까지, 혹은 경험이 분명히 그만둘 때가 됐다고 말해줄 때까지 끝까지 붙들고 가야 한다. 망치질도 한 번 두드려서는 못이 박히지 않는다. 하지만 한 곳만 계속 두드리면 결국 단단히 고정된다. 마찬가지로 마음을 한 가지 목표에만 온전히 쏟으면, 머릿속에서는 계속해서 새로운 개선점과 좋은 아이디어가 떠오른다. 반대로, 동시에 열 가지를 붙잡고 있으면 정작 중요한 기회는 눈앞에서 놓쳐버린다.

수많은 사람들이 너무 많은 일을 벌이다가 손에 쥘 수 있었던 재산을 허망하게 흘려보냈다. 옛말에 *"한 번에 쇠를 너무 많이 불에 넣지 마라"*라는 충고가 있다. 그 말에는 여전히 큰 지혜가 담겨 있다.

일에는 체계가 필요하다

일은 반드시 체계적으로 해야 한다. 시간과 장소를 정해놓고 규칙에 따라 움직이며, 맡은 일을 제때 해내는 사람은 대충대충 일하는 사람보다 두

배의 성과를 내면서도 절반만 고생한다. 모든 일에 시스템을 도입하고, 한 번에 한 가지에만 집중하며, 약속 시간을 철저히 지키다 보면 여가와 휴식을 누릴 여유까지 생긴다. 반대로, 한 일은 절반만 해놓고 또 다른 일에 손을 대는 사람은 하루가 끝나도 일이 끝나지 않는다. 정확히 말하면, 그의 하루는 절대 끝날 수 없다.

지나치게 체계적인 것도 문제다. 너무 꼼꼼하게 정리해둔 나머지 정작 필요할 때는 어디에 뒀는지 못 찾는 사람도 있다. 워싱턴 관료들의 쓸데없이 복잡한 서류 절차나, 디킨스가 풍자한 '순환사무소(Circumlocution Office)'처럼 이론만 있고 성과는 없는 꼴이다.

뉴욕의 애스터 하우스 호텔이 처음 문을 열었을 때, 아마 미국 최고의 호텔이었을 것이다. 주인들은 유럽에서 호텔 운영법을 많이 배워왔고, 그들은 자기네 호텔에 철저한 시스템이 깔려 있다는 사실을 자랑스러워했다. 자정이 되면 주인이 종을 울리라고 지시했고, 곧바로 60명의 하인이 양동이를 들고 나타났다. "이게 바로 화재 대비 시스템입니다. 우리 호텔은 이렇게 모든 걸 체계적으로 운영하지요."라며 자랑했다. 하지만 이들도 때때로 체계라는 것을 지나치게 밀어붙였다.

한 번은 손님이 가득 찬 저녁, 웨이터 한 명이 갑자기 아프게 되었다. 이미 호텔에는 50명의 웨이터가 있었지만, 주인은 반드시 정원이 채워져야만 한다며 안절부절 못했다. 결국 아래층을 내려가다 호텔의 심부름꾼 아이리시 노동자 '팻(Pat)'을 발견했다.

"팻, 얼른 손발 씻고 앞치마를 두르고 바로 식당으로 와라."

곧 팻이 나타나자 주인은 이렇게 말했다.

"좋아, 저 두 자리를 맡아서 손님들을 모셔라. 자네, 혹시 웨이터 해본 적 있나?"

팻은 이렇게 대답했다.

"저도 다 압니다, 물론이죠. 다만 해본 적은 없습니다."

이는 예전에 있었던 한 아일랜드 조타수와 비슷한 경우였다. 어느 날 선장이 항로를 벗어난 듯 싶어 "제대로 항해하고 있는 게 맞나?"라고 묻자, 조타수가 이렇게 말했다.

"틀림없습니다. 이 항로에 있는 바위들은 전부 알고 있습니다."

바로 그 순간, "쿵!" 하고 배가 바위에 부딪쳤다. 그러자 그는 태연하게 덧붙였다.

"자, 그게 바로 그 바위 중 하나입니다."

이제 다시 호텔 식당으로 돌아가 보자.

주인은 팻에게 말했다.

"팻, 우리 호텔은 모든 걸 철저하게 시스템으로 운영한다네. 우선 손님들에게 수프를 내고, 다 먹고 나면 그 다음에 뭘 드실지 물어봐야 하네."

팻은 자신만만하게 대답했다.

"예, 사장님. '시스템'의 진정한 미덕을 제가 잘 알지요."

곧 손님 두 명이 들어왔다. 팻은 지시받은 대로 수프 접시를 내놓았다. 손님 중 한 명은 맛있게 먹었지만, 다른 한 명은 손도 대지 않고 말했다.

"웨이터, 이 수프는 치우고 생선을 좀 가져오시오."

그러자 팻은 접시를 가리키며 주인의 당부를 떠올리고 이렇게 말했다.

"아직 안됩니다. 먼저 수프를 다 드셔야지요!"

결국 이것은 시스템을 너무 문자 그대로 밀어붙인 우스꽝스러운 사례가 되고 말았다.

세상의 흐름을 따라잡기 위해 최신정보를 습득하라

항상 믿을 만한 신문을 구독하라. 그래야 세상에서 어떤 일이 벌어지고 있는지 제대로 따라갈 수 있다. 신문을 보지 않는 사람은 세상과 단절된 것이나 마찬가지다. 오늘날처럼 전신과 증기기관(오늘날로 치면 인터넷과 교통망) 덕분에 전 세계에서 매일같이 새로운 발명과 발전이 쏟아져 나오는데, 신문조차 읽지 않는다면 당신과 당신의 사업은 곧 세상 흐름에서 완전히 밀려나고 말 것이다.

당신의 일을 알리고 홍보하라

우리는 누구나, 크든 작든 대중의 지지에 기대어 살아간다.

변호사, 의사, 구두장이, 예술가, 대장장이, 공연 기획자, 오페라 제작자, 철도 사장, 대학 교수까지 모두가 대중을 상대로 거래한다.

대중과 상대하는 사람이라면 반드시 자신의 상품이나 서비스가 진짜 가치 있는 것임을 보장해야 한다. 그것이 진품이며, 고객에게 만족을 줄 수 있어야 한다. 만약 당신이 확실히 고객을 만족시킬 수 있는 무언가를 가지고 있다면, 그 사실을 널리 알리는 것이 중요하다.

아무리 훌륭한 물건을 가지고 있어도, 사람들이 모른다면 아무 소용이 없다. 특히 이 나라처럼 거의 모든 사람이 글을 읽고, 수천에서 수십만 부까지 찍혀 나가는 신문이 있는 곳에서, 광고의 통로를 활용하지 않는다면 큰 손해다. 신문은 가정으로 들어가고, 가장뿐 아니라 아내와 아이들까지 읽는다. 그러니 당신이 일상 업무를 보는 동안에도 수백, 수천 명이 당신의 광고를 읽고 있을 수 있다. 어쩌면 당신이 잠자는 동안에도 말이다.

삶의 철학은 단순하다. 먼저 씨를 뿌리고, 그 다음에 거둔다. 농부가 감자나 옥수수를 심고, 곡식을 뿌린 뒤 다른 일을 보다가 때가 되면 수확하는 것과 같다. 하지만 절대 거두고 나서 심는 법은 없다. 이 원리는 모든 비즈니스에 적용된다. 그리고 그중에서도 특히 광고에 잘 맞아떨어진다. 당신이 진짜 좋은 물건을 가지고 있다면, 대중에게 광고하는 것만큼 효과적인 '씨 뿌리기'는 없다.

물론 전제는 상품이 정말 좋아야 한다는 것이다. 고객을 실망시키는 가짜 상품은 오래 가지 못한다. 사람들은 생각보다 훨씬 더 현명하기 때문이다. 남녀노소 누구나 결국은 같은 마음이다. 자기 돈으로 최대한의 가치를 얻고 싶고, 그럴 수 있는 곳을 찾아낸다.

당신이 가짜 상품을 광고해 많은 사람을 한 번쯤은 사게 만들 수는 있겠지만, 곧 그들은 당신을 사기꾼이라 욕하며 떠날 것이고, 사업은 점점 쇠퇴하다 결국 가난해지고 말 것이다. 그것은 당연한 일이다. 몇몇 사람만으로는 우연한 단골 장사에 의존할 수 없다. 누구든 고객이 다시 돌아와 재구매하도록 만들어야 한다. 어느 날 한 사람이 나에게 이렇게 말했다.

"나는 광고를 해봤지만 성공하지 못했습니다. 하지만 내 물건은 좋은데 말이죠."

나는 이렇게 대답했다.

"친구여, 일반적인 규칙에도 예외는 있을 수 있지요. 그런데 어떻게 광고했습니까?"

"주간지에 세 번 실었고, 비용은 1달러 50센트를 냈습니다."

그 말을 듣고 내가 말했다.

"선생님, 광고는 공부와 같아서 '조금 아는 것이 오히려 위험한 것' 입니다."

프랑스의 한 작가는 이렇게 말했다.

"신문 독자는 보통 광고가 처음 실렸을 때는 보지도 않는다. 두번째 실리면 눈에 띄지만 읽지는 않는다. 세번째에서야 읽고, 네번째에는 가격을 본다. 다섯번째에는 아내에게 이야기하고, 여섯번째에는 살 준비를 하고, 일곱번째에서야 실제로 구매한다."

광고의 목적은 대중에게 당신이 무엇을 팔고 있는지를 명확히 알리는 것이다. 그런데 만약 그 사실을 충분히 전달할 때까지 꾸준히 광고할 용기가 없다면, 지금까지 쓴 돈은 전부 헛수고가 되고 만다. 그건 마치 이런 일화와 같다. 어떤 술 취한 사내가 한 신사에게 말했다.

"나에게 10센트만 주시면 1달러를 절약하게 해주실 수 있습니다."

신사가 놀라 묻자, 그가 이렇게 대답했다.

"오늘 아침 나는 꼭 술에 취하겠다고 결심했고, 이미 가진 1달러를 다 써버렸는데도 아직 덜 취했습니다. 딱 10센트어치만 더 위스키를 마시면 완전히 취할 수 있습니다. 그러면 이미 써버린 1달러를 헛되이 하지 않는 셈이 되지 않겠습니까?"

광고도 이와 같다. 중간에 멈추면 이미 쓴 돈은 다 버린 것이 된다. 반드시 사람들이 당신이 누구이며 무엇을 하는지, 당신의 사업이 무엇인지 확실히 알 때까지 이어가야 한다.

게다가 어떤 사람들은 눈길을 단번에 사로잡는 기막힌 광고문안을 쓰는 천부적 재능을 가지고 있다. 이는 당연히 큰 이점이다. 또 어떤 이는 독특

한 간판이나 진열 방식으로 인기를 얻기도 한다. 최근 나는 한 가게 앞에서 보도 위로 길게 내건 흔들 간판을 보았는데, 그 위에는 이렇게 간단명료한 글귀가 적혀 있었다.

"다른 쪽을 읽지 마라"

물론 나는 그 간판을 읽었고, 다른 사람들도 모두 읽었다. 그 결과 나는 그 사람이 대중의 관심을 끌고 난 뒤, 고객을 정직하게 대하면서 독립적인 성공을 거두었다는 사실을 알게 되었다.

모자 장수 제닌(Genin)은 훗날 전설이 된 가수 제니 린드(Jenny Lind)의 첫 콘서트 티켓을 경매에서 225달러에 낙찰받았다. 그 이유는 단 하나, 그것이 최고의 광고가 될 것임을 알았기 때문이다.

경매사가 "누가 이 티켓을 낙찰받았습니까?" 하고 외쳤을 때, 수천 명의 사람들이 듣는 자리에서 "모자 장수 제닌입니다!"라는 대답이 돌아왔다.

사람들은 놀랐다.

"대체 제닌이 누구지? 들어본 적도 없는데?"

하지만 다음 날 아침, 신문과 전신망은 이 소식을 미국 전역에 퍼뜨렸다. 메인에서 텍사스까지, 수백만 명이 '**제니 린드 첫 콘서트 티켓이 경매에서 2만 달러에 팔렸고, 그중 한 장이 무려 225달러에 모자 장수 제닌에게 팔렸다**'는 기사를 읽었다.

사람들은 본능적으로 자기 머리 위 모자를 벗어 확인하며 말하곤 했다.

"내 모자에 '제닌' 상표가 붙어 있나?"

아이오와의 한 마을 우체국 앞에서는 군중 속에 단 한 명만이 제닌 모자를 쓰고 있었는데, 그는 낡아 해진 모자를 자랑스레 내보였다. 그러자 사람들은 부러움 가득한 눈빛으로 말했다.

"와, 진짜 제닌 모자라니! 행운아로군."
"그 모자 잘 간직해, 가보(家寶)가 될 거야."

심지어 누군가는 "우리도 다 같이 기회를 가지자, 경매에 부쳐!"라며 농담처럼 말했고, 실제로 모자는 경매에 올라 무려 9달러 50센트에 팔렸다.

이 사건이 제닌에게 가져다준 결과는 무엇일까? 그는 그 뒤 6년간 매년 만 개의 모자를 추가로 팔았다. 구매자 중 10명 중 9명은 단순한 호기심에 샀지만, 막상 써보니 가격만큼의 가치를 했기에 결국 단골이 된 것이다. 독창적인 광고가 먼저 시선을 끌었고, 좋은 품질이 고객을 다시 돌아오게 만든 셈이다.

나는 모든 사람이 제닌처럼 광고하라고 말하지 않는다. 하지만 한 가지는 분명하다. 팔 물건이 있는데도 광고하지 않는다면, 언젠가 다른 사람이 대신 광고하게 될 것이다. 물론 반드시 신문에만 광고해야 한다는 뜻도 아니다. 대개 신문광고가 효과적이긴 하지만, 의사·목사·변호사 같은 직종은 신문보다 더 직접적인 방식으로 대중에게 다가가는 것이 나을 때도 있다. 중요한 것은 한 가지다.

사람들에게 알려져야만 생계가 유지된다는 것.

고객에게는 언제나 정중하고 친절하라

예의와 정중함은 사업에 투자할 수 있는 최고의 자본이다. 아무리 큰 가게, 번쩍이는 간판, 화려한 광고가 있어도, 당신이나 직원이 고객을 무뚝뚝하게 대하면 아무 소용이 없다. 사실, 한 사람이 친절하고 관대할수록 고객은 더 후하게 보답한다. **"가는 말이 고와야 오는 말이 곱다"**는 속담처럼 말이다. 동일한 품질의 상품을 가장 합리적인 가격에 제공하면서도 자기 몫의 이익을 조금 남기는 사람은 장기적으로 반드시 성공한다. 여기서 우리는 황금률에 도달한다.

"남에게 대접받고 싶은 만큼 남을 대접하라."

고객을 단순히 '최대한 돈을 빼앗을 대상'으로만 취급하기보다, 진심으로 대하면 오히려 훨씬 큰 보답을 얻게 된다. 반대로, 고객과 거래할 때 '다시는 보지 않을 사람'처럼 날카롭게 흥정을 하고, 이익만 챙기려는 태도를 보이면 결과는 뻔하다. 정말로 다시는 그들을 고객으로 보지 못하게 된다. 사람들은 돈을 내고서도 모욕당하는 걸 결코 좋아하지 않는다. 내 박물관에서 일하던 안내원 한 명이 어느 날 이렇게 말했다.

"강연장에서 어떤 손님이 저보고 '신사가 아니다'라고 했습니다. 강연이 끝나면 그를 혼내주려고 합니다."

"왜 그러려고 하지?" 내가 물었다.

"저를 모욕했으니까요." 그가 대답했다.

나는 이렇게 말했다.

"그건 그냥 그가 돈 내고 한 소리일 뿐이야. 그리고 네가 그를 때린다고 해서 신사라는 걸 증명할 수는 없어. 하지만 네가 그를 때린다면, 그는 다시는 우리 박물관에 오지 않을 거야. 그 뿐만 아니라 친구들에게도 우리 대신 다른 곳에 가자고 권하겠지. 결국 손해 보는 건 우리다."

안내원은 여전히 중얼거렸다.

"그래도 저를 모욕했잖습니까."

"맞아." 내가 말했다.

"하지만 만약 그가 박물관 주인이었고, 네가 돈을 내고 들어왔는데 그가 널 모욕했다면 반발할 이유가 있을지도 몰라. 하지만 이번 경우에는 반대다. 그는 돈을 내는 사람이고 우리는 돈을 받는 쪽이다. 그러니 그의 무례함도 감수해야 한다."

안내원은 웃으며 "정말 현명한 방침이네요"라고 동의했다.

"그렇다면 제 급여가 좀 올라야 하지 않겠습니까? 고객에게 욕먹는 것도 제 업무라면 말이죠." 라고 농담 섞인 대답을 했다.

무엇보다 정직을 지켜라

정직은 다이아몬드나 루비보다도 더 귀한 것이다. 옛날 한 구두쇠가 아들들에게 이렇게 말했다.

"돈을 벌어라. 정직하게 벌 수 있으면 그렇게 하고, 아니면 어떻게든 돈을 벌어라."

이런 충고는 단순히 극도로 사악할 뿐만 아니라 어리석음의 극치다. 즉, '정직하게 돈 버는 게 어렵다면, 부정직하게 버는 것은 쉽다'라는 뜻이기 때문이다. 일부 잘나쁜 사람들이 사기나 불법적인 일로 돈을 쉽게 벌수 있다고 생각하지만 불쌍한 바보여! 세상에서 가장 어려운 일이야말로 부정직하게 돈 버는 것임을 몰랐던 것이다.

우리 감옥이 그런 조언을 따르려다 실패한 사람들로 가득 차 있음을 몰랐던 것이다. 정직하지 않은 자는 결국 들통나게 되어 있고, 그의 원칙 없음이 드러나는 순간부터 성공으로 이어지는 거의 모든 길은 영원히 닫히고 만다.

사람들은 정직성이 의심되는 자들을 당연히 피한다. 그가 아무리 친절하고 공손하며 호의적으로 보여도, '저울과 자가 똑바르지 않다'는 의심이 생기면 누구도 거래하지 않는다. 정직은 재정적인 성공뿐 아니라 삶의 모든 영역에서의 기초다. 타협 없는 정직한 성품은 돈이나 땅, 집으로는 살 수 없는 평안과 기쁨을 준다. 철저히 정직한 사람은 아무리 가난해도 공동체의 지갑을 열 수 있는 힘을 갖는다.

그가 "갚겠다"고 약속하면 결코 실망시키지 않으리라는 믿음 때문이다. 따라서 설령 더 높은 도덕적 이유가 없더라도, 단순한 이기심만으로도 벤저민 프랭클린의 격언은 언제나 진리임을 알 수 있다.

"정직이 최선의 정책이다."

부자가 된다고 해서 반드시 성공한 것은 아니다. '부유한 가난뱅이'도 많고, 반대로 돈은 적지만 정직하고 신앙심 깊은 사람들 가운데 어떤 부자보다도 더 행복하고 더 부유한 이들이 있다. 돈에 대한 과도한 사랑은 만악의 근원일 수 있다. 그러나 돈 그 자체는 올바르게 사용된다면 가정에 꼭 필요한 유용한 도구일 뿐 아니라, 사람들을 도우며 인류의 행복과 영향력을 확장하는 수단이 될 수 있다.

상업, 즉 돈을 버는 일의 역사는 곧 문명의 역사다. 무역이 번성한 곳에서 언제나 예술과 과학도 번성했다. 대체로 돈을 버는 사람들은 인류의 은인이다. 우리의 학교, 대학, 교회, 예술 기관들은 대부분 이들 덕분에 세워졌다. 가끔 단지 쌓아두는 것만 좋아하는 구두쇠들이 있기는 하다. 종교에도 위선자가 있고, 정치에도 선동꾼이 있듯, 돈벌이에도 예외적으로 구두쇠가 있을 뿐이다. 게다가 미국에는 장자 상속법이 없으므로, 언젠가는 구두쇠가 모아둔 돈이 결국 흩어져 인류에게 돌아가게 된다. 그러므로 나는 모든 사람들에게 양심껏 말한다.

"돈은 정직하게 벌어라. 그 외의 길은 가지 말라."

셰익스피어는 이렇게 말했다.

"돈도, 수단도, 만족도 없는 자는 세 명의 좋은 친구를 잃은 것이다."

돈의 사용법
(운용·관리·거래의 원칙)

빚에 얽매이지 말라

젊은이가 사회에 첫발을 내디딜 때 무엇보다 조심해야 할 것은 빚을 지지 않는 것이다. 사람을 가장 무겁게 짓누르는 것 중 하나가 바로 빚이다. 빚은 노예 상태와 다름없다. 그런데도 우리는 겨우 십대 후반을 벗어난 청년들이 빚을 지고 다니는 모습을 흔히 본다. 친구에게 새 옷을 외상으로 샀다며 자랑한다. 그는 그것을 마치 공짜로 얻은 것처럼 여기지만, 실제로는 평생 가난을 부르는 습관을 들이는 것이다. 빚은 사람의 자존심을 빼앗아가, 스스로를 경멸하게 만든다. 이미 먹고 입어버린 것들을 위해 끙끙대며 일하다가 막상 돈을 갚을 때가 되면 남은 게 하나도 없는 상태, 이것이 바로 '죽은 말을 위해 일한다'는 말의 의미다.

물론 상인들이 물건을 외상으로 사서 되팔아 이익을 남기는 경우는 다르다. 어떤 퀘이커 교도 아버지는 농부 아들에게 이렇게 충고했다.

"존, 절대 외상은 하지 마라. 하지만 꼭 외상을 져야 한다면, 거름을 사는 데 하거라. 그건 다시 돈을 벌어다 줄 테니까."

비처 목사는 젊은이들에게 이렇게 권했다.

"시골에서 작은 땅을 살 수 있다면 빚을 져도 괜찮다. 그리고 결혼을 해라. 이 두 가지가 남자를 똑바로 서게 만들 것이다." 땅을 사는 소액의 빚은 어느 정도 안전할 수 있다. 그러나 먹고 마시고 입는 데 지는 빚은 절대로 피해야 한다. 어떤 가정은 상점에서 외상을 습관처럼 내고, 그 덕분에 없어도 될 물건까지 쓸데없이 사들이곤 한다. 그들은 '60일 외상으로 샀으니, 그때 돈이 없어도 채권자가 대수롭지 않게 여길 거야'라고 생각할지도 모른다. 하지만 세상에서 기억력이 가장 좋은 사람들이 바로 채권자다. 60일이 지나면 반드시 돈을 요구할 것이고, 못 갚으면 약속을 깨야 하고, 변명을 늘어놓거나 다른 데서 빚을 져 갚아야 한다. 그렇게 하면 상황은 더 악화될 뿐이다.

게으른 견습생 호라티오가 있었다. 주인이 물었다.

"호라티오, 달팽이를 본 적 있나?"
"본… 것 같기도 합니다."

느릿느릿 대답하자, 주인이 말했다.

"그렇다면 네가 달팽이를 만난 거겠지. 따라잡은 적은 없을 테니."

채권자는 반드시 당신을 따라잡는다.

"젊은이, 당신이 내게 갚겠다고 약속했는데 이행하지 않았으니 차용증을 쓰시오."

차용증은 이자를 붙이고, 그 순간부터 돈은 네 적이 된다. 채권자는 밤에 잠을 자고 아침에 일어나도 전날보다 더 부유해진다. 반대로 너는 자는 동안 더 가난해진다. 이자가 불어나고 있기 때문이다.

돈은 어떤 면에서 불과 같다. 충실한 종이 될 수도 있지만, 주인이 되면 끔찍한 괴물이 된다. 이자가 불어나며 돈이 너를 지배할 때, 너는 최악의 노예 상태에 빠지게 된다. 하지만 돈을 네 편으로 만들면 세상에서 가장 성실한 하인이 된다. 돈은 사람처럼 눈치 보며 일하지 않는다. 원금이 안전하게 굴러가기만 하면, 그 어떤 생명체나 사물보다도 충직하게 일한다. 밤낮 없이, 비가 오나 눈이 오나 쉴 줄 모른다.

나는 코네티컷이라는 청교도 주에서 태어났다. 거기서는 '일요일에 아내에게 키스하면 벌금을 물린다'는 말이 있을 정도로 율법이 엄격했다. 그런데도 부유한 청교도들은 수천 달러를 이자로 굴리고 있었다. 토요일 밤에 그들의 재산은 일정 금액이었는데, 주일에 교회에 가서 모든 의무를 다한 뒤 월요일 아침이 되면, 토요일 밤보다 훨씬 더 부자가 되어 있었다. 돈이 법적으로 보장된 이자를 꼬박꼬박 벌어주었기 때문이다.

돈이 네 적이 되게 두지 마라. 그렇게 된다면 인생에서 성공할 가능성이 점점 사라진다. 괴짜 정치인 존 랜돌프는 의회에서 이렇게 외쳤다.

"의장님, 저는 연금술사의 돌을 발견했습니다. 바로 '갚으면서 살아라'는 것입니다."

그 말은 지금까지 어떤 연금술사가 도달한 것보다 훨씬 더 현명한 철학자의 돌이었다.

본업 이외의 위험한 일에 손대지 말라

우리는 종종 큰 재산을 모았던 사람이 하루아침에 몰락하는 모습을 본다. 그 원인 중 일부는 술이나 도박 같은 방탕한 습관에서 비롯되지만, 또 다른 흔한 이유는 바로 본업이 아닌 '바깥 일(Outside Operations)'에 손을 대기 때문이다. 한 사람이 본업으로 돈을 벌어 부유해지면, 주위 사람들은 곧 달콤한 말로 그를 부추긴다.

"당신은 천성적으로 운이 좋아요. 하는 일마다 금이 됩니다. 이번 큰 투자를 놓치면 안 됩니다. 몇 만 달러는 금세 벌 수 있어요."

이런 말에 귀가 팔리면, 그는 이렇게 생각한다.

"좋아, 2만 달러쯤 넣어보지. 나는 운이 좋으니 곧 6만 달러로 불어날 거야."

하지만 며칠 지나지 않아 "예상치 못한 상황 때문에 1만 달러를 더 넣어야 한다"는 말이 돌아온다.

곧이어 "걱정 말라, 이번이 마지막이다, 추가로 2만 달러만 투자하면 대박이 난다"라는 소리가 들려온다.

그러나 수익을 거두기도 전에 거품은 터지고, 그는 가진 모든 것을 잃는다. 그제야 깨닫는다. 처음부터 알고 있어야 했던 사실을. 아무리 본업에서는 성공한 사람이라도, 잘 알지 못하는 일에 손대는 순간 힘을 잃고 무너진다는 것을. 마치 삼손이 머리카락을 잘린 후 힘을 잃은 것처럼 말이다.

물론 여유 자금이 있다면, 인류에 이롭고 미래 가능성이 있는 일에 적당히 투자하는 것은 좋다. 하지만 그 금액은 반드시 적당해야 하며, 본업으로 힘들게 쌓은 재산 전체를 위험에 빠뜨려서는 안 된다.

담보 없는 보증은 절대 서지 말라

나는 이렇게 생각한다. 아무리 가까운 가족이라 해도, 절대 담보 없이 보증을 서서는 안 된다. 설령 아버지나 형제라 할지라도, 본인이 잃어도 전혀 상관없다고 생각할 정도의 금액 이상은 보증하지 말아야 한다. 예를 들어 보자. 어떤 사람이 2만 달러 재산을 가지고 제조업이나 무역업으로 잘 나가고 있다. 당신은 은퇴 후 모은 돈으로 조용히 살고 있는데, 그가 와서 이렇게 말한다.

"나는 2만 달러 자산이 있고, 빚도 한 푼 없어. 그런데 5천 달러 현금만 있으면 특정 상품을 사들여 두 달 안에 두 배로 불릴 수 있어. 내 어음을 보증해줄 수 있겠나?"

당신은 그가 2만 달러 자산가이고 충분히 믿을 만하다고 생각한다. 위험도 없어 보이고, 좋은 사람을 돕는다고 생각해 서명을 한다. 그는 약속대로 수익을 내고, 당신은 뿌듯하다. 하지만 문제는 여기서 시작된다. 그는 돈을 너무 쉽게 얻는 법을 알게 된 것이다. 은행에서 어음만 할인 받으면 현금을 손에 쥘 수 있다. 아무 수고도 없이 말이다.

이제 그는 본업이 아닌 다른 투기 기회를 본다. 단기 투자에 1만 달러만 있으면 된다고 한다. 당신은 거의 자동적으로 또 서명을 한다. 하지만 이번 투자는 기대보다 길어지고, 어음을 막기 위해 또 다른 어음을 발행해야 한다. 결국 투자가 완전히 실패하면서 돈은 모두 사라진다. 그런데 그는 당신에게 솔직히 말하지 않는다. 자신이 절반의 재산을 날렸다고, 투기에 실패했다고. 그는 이미 투기의 열병에 빠져 있었고, 손해를 본 자리에서 다시 만회하려 들었다. 그리고 당신은 습관처럼 그의 보증을 계속해주었다. 결국 그와 당신의 재산은 모두 사라진다. 그때서야 당신은 말한다.

"내 친구가 날 파멸시켰다."

하지만 사실은 이렇게 말해야 한다.

"나 역시 그를 망하게 만들었다."

처음부터 이렇게 말했다면 달랐을 것이다.

"내가 도와줄 수는 있지만, 담보 없는 보증은 절대 서지 않는다."

그랬다면 그는 본업을 벗어나 위험한 투기에 빠지지 않았을 것이다. 솔로몬의 말처럼 ***"보증 서는 것을 싫어하는 자는 안전하다."*** 사업을 시작하는 젊은이도 마찬가지다. 먼저 스스로 돈을 벌어 돈의 가치를 깨달아야 한다. 그 가치를 이해한 다음에야 약간의 도움을 줄 수 있다. 그러나 쉽게 번 돈으로는 절대 성공할 수 없다. 첫 돈은 반드시 고생과 희생을 통해 얻어야, 그 가치를 진정으로 알게 되는 것이다.

한쪽 말만 듣고 휘둘리지 말라

고용주의 눈은 종업원 열 명의 손보다 더 값지다. 대리인은 결코 주인만큼 성실할 수 없다. 많은 고용주들이 직접 경험했듯, 아무리 뛰어난 직원이라 해도 주인이라면 결코 놓치지 않았을 중요한 점들을 간과하곤 한다.

누구든 자신의 사업을 철저히 이해하지 못한다면 성공을 기대할 자격이 없다. 그리고 그 이해는 직접 몸으로 부딪쳐 배우지 않고는 결코 얻을 수 없다. 예컨대 제조업자라면, 공장의 수많은 세부를 하나하나 몸소 익혀야 한다. 매일 새로운 것을 배우게 되고, 거의 매일 실수를 하게 될 것이다. 하지만 그 실수는 그 자체로 소중한 경험이 된다. 다만 그것을 제대로 교훈 삼는다면 말이다.

한 양철 행상인은 불량품을 속아 샀을 때 이렇게 말했다.

"좋아, 오늘도 정보를 하나 얻었군. 다시는 이런 식으로는 속지 않겠다."

이처럼 사람은 경험을 돈 주고 사는 것이다. 물론 너무 큰 대가만 치르지 않는다면, 그것은 최고의 투자다.

나는 모든 사람이 프랑스의 박물학자 퀴비에처럼 자신의 분야를 철저히 알아야 한다고 믿는다. 퀴비에는 동물학에 정통해, 본 적 없는 동물의 뼈 한 조각만으로도 그 전체 모습을 추론해 그릴 수 있었다. 어느 날 그의 학생들이 장난을 쳤다. 한 친구를 소가죽으로 감싸 교수 탁자 밑에 숨겨놓고는,

"새로운 표본입니다. 무슨 동물일까요?" 하고 물었다.

갑자기 그 속의 학생이 "나는 악마다! 너희를 잡아먹겠다!" 하고 외쳤다. 퀴비에는 태연히 관찰하더니 이렇게 분류했다.

"갈라진 발굽, 초식동물! 고기를 먹을 수가 없어. 불가능하다."

그는 갈라진 발굽을 가진 동물은 반드시 풀이나 곡식 같은 식물만 먹는다는 사실을 알았기에, 조금도 당황하지 않았던 것이다. 이처럼 자신의 일을 완벽히 아는 것은 성공을 보장받기 위해 반드시 필요한 조건이다.

로스차일드 가문의 장로가 남긴 격언 가운데 하나는 언뜻 모순처럼 보인다.

"신중하되 대담하라."

말 자체는 모순 같지만, 사실 그 속에는 큰 지혜가 담겨 있다. 요약하면 이렇다. 계획을 세울 때는 철저히 신중하되, 실행할 때는 대담하게 행동하라. 신중하기만 한 사람은 결코 행동에 나서지 못하고, 따라서 성공도 없다. 반대로 대담하기만 한 사람은 무모해져 결국 실패하고 만다. 예컨대 어떤 사람은 주식 투기로 단번에 5만 달러, 10만 달러를 벌 수도 있다. 그러나 신중함 없는 대담함은 단순한 요행일 뿐이다. 오늘 번 돈을 내일 다 잃게 되는 것이다. 진정한 성공을 보장하려면, 신중함과 대담함 두 가지를 모두 갖추어야 한다. 로스차일드의 또 다른 격언은 이렇다.

"불운한 사람이나 불운한 장소와는 아무 관계도 맺지 마라."

겉으로는 정직하고 똑똑해 보일지라도, 무슨 일을 하든 계속 실패하는 사람이라면 반드시 우리가 알 수 없는 치명적인 결함이 숨어 있다. 장소도 마찬가지다. 반복적으로 실패하는 곳이라면 눈에 보이지 않는 문제가 반드시 존재하는 것이다.

세상에 '순수한 행운'이란 없다. 오늘 길에서 금주머니를 줍고, 내일 또 줍고, 모레도 줍는 사람은 없다. 평생 한 번쯤은 그런 일이 있을 수 있다. 그러나 '행운'만으로는 오래갈 수 없다. 얻을 수도 있지만, 잃을 가능성도 똑같이 크기 때문이다.

"같은 원인에는 같은 결과가 따른다."

올바른 방법을 따르면, 행운이 없어도 성공할 수 있다. 반대로 실패했다면, 반드시 그럴 만한 이유가 있는 것이다. 단지 스스로 보지 못할 뿐이다.

가진 것을 나누고 베풀어라

물론, 사람은 자선을 베풀어야 한다. 그것은 의무이자 즐거움이기 때문이다. 설령 더 높은 동기가 없다고 해도, 최소한 정책적·현실적 관점에서 보면, 관대한 사람은 언제나 신뢰와 지지를 얻지만, 탐욕스럽고 인색한 구두쇠는 결국 사람들에게 외면당한다. 솔로몬은 이렇게 말했다.

"나누어 주면서도 더 풍성해지는 사람이 있고, 지나치게 움켜쥐다가 오히려 가난해지는 사람도 있다."

진정한 자선은 마음에서 우러나오는 것이다. 가장 좋은 자선은 스스로 돕고자 하는 사람을 돕는 것이다. 자격 여부를 따지지 않고 무분별하게 돈이나 물건을 베푸는 것은 여러모로 해롭다. 그러나 묵묵히 자기 힘으로 애쓰는 사람을 찾아내어 조용히 도와주는 것은, 주면서도 오히려 더 풍요로워지는 길이다. 다만, 일부 사람들이 흔히 하는 잘못된 자선에 빠지지 말라. 배고픈 사람에게 감자 대신 기도만, 빵 대신 축복의 말만 건네는 것 말이다. 배부른 사람을 기독교인(혹은 신앙인)으로 만드는 게 훨씬 쉽지, 굶주린 사람을 설득하는 것은 불가능에 가깝다.

비밀을 함부로 떠벌리지 말라

어떤 사람들은 자기 사업 비밀을 함부로 떠벌리는 어리석은 습관이 있다. 돈을 벌면, 그 과정을 이웃에게 자랑하듯 이야기하는 것이다. 거기서 얻을 수 있는 것은 아무것도 없으며, 오히려 잃는 것이 더 많다. 수익, 희망, 기대, 계획에 대해서는 말하지 않는 편이 낫다. 이 원칙은 대화뿐 아니라 편지에도 똑같이 적용된다. 괴테는 『파우스트』에서 메피스토펠레스를 통해 이렇게 말하게 했다.

"편지는 절대 쓰지 말고, 쓰더라도 절대 없애지 마라."

물론 사업가는 편지를 써야 한다. 하지만 무엇을 적는지에 대해서는 언제나 신중해야 한다. 특히 돈을 잃고 있을 때는 절대 함부로 떠벌리지 마라. 그렇게 했다가는 돈만 잃는 게 아니라 신뢰와 명성까지 잃게 될 것이다.

Money is in some respect life's fire: it is a very excellent servant, but a terrible master.

"돈은 어떤 면에서는 삶의 불꽃이다. 훌륭한 종이 될 수 있지만, 끔찍한 주인이 될 수도 있다."

- P.T. 바넘 -

부의 본질을 묻는 12가지 질문
돈 앞에서 흔들리지 않는 힘

초판 1쇄 발행 2025년 10월 10일

지은이　주정엽
발행인　박용범
펴낸곳　리프레시

출판등록 제 2015-000024호 (2015년 11월 19일)
주소　　경기 의정부시 평화로 471, 418호
전화　　031-876-9574
팩스　　031-879-9574
이메일　mydtp@naver.com

편집책임 박용범
디자인　리프레시 디자인팀
마케팅　JH커뮤니케이션

ISBN 979-11-992340-9-3

* 을유1945 서체를 사용하였습니다.
* 이 책에 실린 글과 사진의 무단 전제나복제를 금합니다.